新闻编辑与策划

刘丹丹　李香韵　喻　婷◎主编

中国书籍出版社
China Book Press

图书在版编目（CIP）数据

新闻编辑与策划 / 刘丹丹，李香韵，喻婷主编 . --北京 : 中国书籍出版社 , 2023.9
ISBN 978-7-5068-9500-2

Ⅰ . ①新… Ⅱ . ①刘… ②李… ③喻… Ⅲ . ①新闻编辑—研究 Ⅳ . ① G213

中国国家版本馆 CIP 数据核字 (2023) 第 131666 号

新闻编辑与策划

刘丹丹　李香韵　喻　婷　主编

图书策划	邹　浩
责任编辑	毕　磊
责任印制	孙马飞　马　芝
封面设计	博健文化
出版发行	中国书籍出版社
地　　址	北京市丰台区三路居路 97 号（邮编：100073）
电　　话	（010）52257143（总编室）　（010）52257140（发行部）
电子邮箱	eo@chinabp.com.cn
经　　销	全国新华书店
印　　厂	北京四海锦诚印刷技术有限公司
开　　本	710 毫米 ×1000 毫米 1/16
印　　张	10.5
字　　数	225 千字
版　　次	2024 年 1 月第 1 版
印　　次	2024 年 1 月第 1 次印刷
书　　号	ISBN 978-7-5068-9500-2
定　　价	68.00 元

版权所有　翻印必究

前　言

在这个信息爆炸的时代，新闻编辑与策划的重要性愈发凸显。随着全球化和科技的飞速发展，新闻传播的方式发生了巨大的变化，对新闻从业者提出了更高的要求。本书旨在为学生提供全面且深入的理论知识和实践技能，帮助他们成为优秀的新闻编辑与策划专业人才。

本书涵盖了新闻编辑与策划的核心内容。第一章介绍了新闻编辑的概论，包括编辑的定义、职能、作用和素养等方面的内容。第二章探讨了编辑方针与媒介定位，帮助学生理解在新闻编辑中制定明确的方向和目标的重要性。第三章重点介绍了新闻稿件的编辑程序，包括稿件的组织、选择、修改和配置等方面的内容。第四章则着重讨论了新闻标题的重要性以及如何制作优化新闻标题，以吸引读者的注意力。第五章涉及新闻报道的策划与组织，其中包括对新闻策划的界定、意识、原则以及新闻报道的策划等内容。第六章则将理论与实践结合，涵盖了新闻编辑与策划的实践技巧，如重要新闻版面编辑、新闻专刊与副刊编辑、特色类新闻版面编辑、网络新闻编辑和移动媒体新闻编辑等，既展示出各类媒介新闻编辑的共性，又展示出各类媒介新闻编辑的个性。本书强调理论性、实用性和阐释过程的清晰性，在行文中力求生动、全面地展示内容。

本书的特色在于将理论知识与实践技能相结合。通过案例分析、模拟演练和实地考察等教学方法，学生可以将所学的理论知识应用到实际操作中。此外，本书还注重培养学生的创新思维和团队合作能力，以适应不断变化的新闻行业环境。

目　录

第一章　新闻编辑概论 …………………………………………………… 1

　　第一节　编辑与新闻编辑 …………………………………………… 1

　　第二节　新闻编辑的职能 …………………………………………… 4

　　第三节　新闻编辑的作用 …………………………………………… 8

　　第四节　新闻编辑的素养 …………………………………………… 11

第二章　编辑方针与媒介定位 …………………………………………… 21

　　第一节　编辑方针 …………………………………………………… 21

　　第二节　媒介定位 …………………………………………………… 26

第三章　新闻稿件的编辑程序 …………………………………………… 35

　　第一节　新闻稿件的组织 …………………………………………… 35

　　第二节　新闻稿件的选择 …………………………………………… 38

　　第三节　新闻稿件的修改 …………………………………………… 41

　　第四节　新闻稿件的配置 …………………………………………… 50

第四章　新闻标题及制作优化 …………………………………………… 53

　　第一节　新闻标题的作用与功能 …………………………………… 53

　　第二节　新闻标题的结构及类型 …………………………………… 59

　　第三节　新闻标题的拟制与优化 …………………………………… 66

第五章　新闻报道的策划与组织 ……………………………… 83

第一节　新闻策划的界定 ……………………………………… 83
第二节　新闻策划的意识及原则 ……………………………… 92
第三节　新闻单元策划与设计 ………………………………… 98
第四节　新闻报道的策划 ……………………………………… 101

第六章　新闻编辑与策划的实践 ……………………………… 120

第一节　重要新闻版面编辑 …………………………………… 120
第二节　新闻专刊与副刊编辑 ………………………………… 125
第三节　特色类新闻版面编辑 ………………………………… 128
第四节　网络新闻编辑 ………………………………………… 146
第五节　移动媒体新闻编辑 …………………………………… 155

参考文献 …………………………………………………………… 159

第一章 新闻编辑概论

学习目标

1. 理解新闻编辑工作的职能。
2. 熟悉新闻编辑的作用。
3. 了解新闻编辑的素养。

第一节 编辑与新闻编辑

一、"编辑"一词溯源

编辑工作是一种历史悠久的文化活动。编,《说文解字》上本义为动词,"编,次简也",从糸,扁声,其义为用绳线将竹片串连成简册典籍。古人把竹子削成长条,制成狭长的竹片,在上面篆刻文字以保存文化。中国古代的许多文化典籍,如《尚书》《诗经》《春秋》等,都是刻写在竹简上才传承下来。用绳子串连起许多竹简,就是这些文化典籍基本的保存方式。串连竹简的绳子,依材质不同分为丝编、绳编和韦编(熟牛皮),如《史记·孔子世家》中记载,孔子"晚而喜易……韦编三绝"。辑,其本义是两车交汇时互相调整车位,礼貌让行,引申为对文字进行检查、调整润色,如《诗·大雅·板》有"辞之辑也"之句。

"编""辑"二字连缀一起,最早出现于《三国志·魏书·李琰传》,其中提出"修撰国史,前后再居史职,无所编辑"。这里的"编辑"一词,就是对文献进行整理、加工的意思。唐初的史学家李延寿在其《南史·刘苞传》中,有"少好学,能属文,家有旧书,例皆残蠹,手自编辑,筐箧盈满"之句,其中的"编辑",也是对文字的加工、整理之意。

中国古代的编辑活动,既存在于个人的写作活动中,也存在于整理各种典籍的活动中。相传鲁国国史《春秋》,就经孔子之手编辑过。对中国古代文化影响巨大的编辑活动众多,如南朝昭明太子编辑的《文选》,清蘅塘退士孙洙编选的《唐诗三百首》明朝永乐年间内阁首辅解缙组织编写的《永乐大典》等。这些著作的编选或典籍整理活动,对中国文化的传承起到了巨大的作用。

二、现代新闻编辑观念的确立

新闻编辑工作不同于文学编辑工作,它们是两种存在重大差别的编辑活动。

首先,二者关注的对象不同。文学和新闻都根植于广阔的社会生活,丰富的现实是二者生命的源泉。但文学是人学,它刻画的对象是人,需要在复杂的社会生活中描写人物性格的丰富性和复杂性,因此离不开想象、提炼、集中和概括。新闻报道的是新近发生的事实,"事实"才是新闻首先要处理的对象。

其次,使用的手法不同。文学一般使用虚构手法,虚构是文学最基础和必备的手段,文学作品中的人物、情节、细节等一切都可虚构。文学中有一个特殊类型,叫非虚构文学(过去曾叫报告文学),虽然号称非虚构,但在主要事实之外的诸多细节上,处处存在着精心的虚构,如特定情境下主人公的心理活动和对典型环境的描摹等。而新闻的生命在于真实,因此它的叙述必须客观、真实。报道的人物和事件的概貌要真实,其细枝末节也必须真实。新闻现场中出现过的人物,即使衣着颜色、高矮胖瘦描写等枝节有误,也会受到质疑。

第三,二者的目的和任务也不同。文学作品通过塑造人物,向人们传达真善美,鞭挞假丑恶,陶冶人们的情操,而新闻的目的和任务是向受众传播各种信息,同时,传达政党的各种政治主张。

新闻编辑工作,是与新闻同步诞生的。尽管当代各种媒体报纸、电视、广播、网络都有新闻编辑,但新闻编辑工作的实践却是从报纸起步的。无论是早期的官报,还是近代意义上的报纸,新闻编辑工作都贯穿其中。一般认为,我国最早的报纸始于唐代的官报。唐人孙樵在其《经纬集》卷三撰写有《读开元杂报》一文,记录了开元时期官报的形态,文中说:"樵囊于襄汉间,得数十幅书,系日条事,不立首末……"看似唐代官报好像记流水账,没有编辑活动,但细细推敲,记录什么、如何记录、先录后录,还是有选择的,这种选择就是编辑工作。因此,从这个意义上讲,新闻编辑最初是从报纸编辑开始的,不过,那时的新闻是采编合一的,采写者同时也是编辑。

当代意义的新闻编辑始于采编分离——新闻编辑与新闻采访工作分离,独立成为一个工种，从事这个工作的人也被称为新闻编辑。因此，现在我们谈论"新闻编辑"这个词，一般有两重含义：一是指各媒体机构里与新闻报道相关的工作，如策划、组织、设计、加工、制作等工作的总称；二是指从事这些工作的人。

我国最早的一批报刊，尽管大多由外国人创办，但编辑理念和版面更靠近中国传统的邸报，采用竖排版、不分栏、不用标点、标题字号与正文区别不大、惯用单行题、新闻不分重点主次，等等。

19世纪末，梁启超等维新派配合政治变革创办的一些报刊，如《时务报》《东方杂志》等也进行了编辑业务革新，如版面分栏编辑，增加标点符号，增加目录导读，外地新闻使用电文稿，双面印刷等。1904年6月，上海《时报》也革新了报纸版式：对开两面印刷直行排版，新闻报道根据内容拟有标题，字号多样，版面活泼醒目。但是，绝大多数报纸依旧没有变化。到"20世纪20年代，一些报纸的新闻版面有了明显的变化：重要新闻被安排在重要位置，而且把与该新闻事件有关的材料综合处理成新闻专题。这种最早由天津《大公报》采用的新闻编辑方式，改变了没有目的、简单堆砌新闻的传统编辑方法。多角度综合报道的模式调动了编辑和记者的主观能动性，促成了报纸新闻从'有闻必录'向深度报道的过渡，从而使近代报纸新闻版面的内容和形式都发生了显著的变化"。[①] 到这一时期，现代的新闻编辑观念基本确立。

三、新闻编辑工作的理论总结

随着新闻编辑工作实践的丰富，对新闻编辑工作理论的总结、探讨和研究渐成风气。早期报人在实践中，提出了"报学"一词，并在报纸上撰写文章探讨。如《申报》曾刊载《论新闻日报馆事》《论报纸体裁》等文章，梁启超在《本馆第一百册祝辞并论报之经历》中，提出他的办报理念"宗旨定而高""思想新而正""材料富而当""报事确而速"。这四条原则，即使搁到今天也是很有价值的。

1918年成立的北京大学新闻学研究会，是中国最早的新闻研究机构。主讲新闻学的徐宝璜先生撰写的讲稿《新闻学大纲》中，专列一章"新闻之编辑"，不仅论述了报纸的编辑理念，如编辑的方针与原则、舆论的引导、把关作用等，还讨论了诸如标题制作、栏目设置等编辑技巧问题，后来还专门为学生开设了一门报纸编辑课程。此后，一些学者、报人纷纷撰文或出书，对新闻编辑理论进行总结。如1926年周孝庵出版了《如何编辑新闻》《编辑新闻的实际工作》，1928年张九如、何周青的《新闻编辑法》，1933年郭步陶

---

① 陈志强. "综合编辑法"与中国近代报纸新闻的转换 [J]. 中国出版，2009 (Z3)：116-118.

的《编辑与评论》《时事评论作法》等文章或著作，都是那一时期有代表性的探讨新闻编辑理论的成果。其中，郭步陶的《编辑与评论》更被有的学者认为"是我国报纸编辑与评论方面的第一本专著"，是对我国数十年来报纸编辑工作第一次比较全面的理论总结。到1949年前，我国出版的新闻编辑学著作已达12本。

改革开放后，新闻编辑方面的教材如雨后春笋，出版教材近百部。其中有较大影响的如郑兴东的《报纸编辑学》（1982年出版），蔡雯的《现代新闻编辑学》（1995年出版），吴飞的《新闻编辑学》（1995年出版），钟立群的《新闻编辑学研究》（1997年出版），张子让的《当代新闻编辑》（1999年出版）等。这些教材问世后，使用者众多，教材编著者也根据时代变化、媒介生态变化和新闻业务的发展，与时俱进，不断修订，多次再版，促进了我国高校新闻编辑课程的发展。

第二节　新闻编辑的职能

无论在哪种类型的媒体，从事哪种新闻编辑工作，其职能大体相同，概括起来，大致可以归纳为如下几点。

一、新闻报道活动的"设计师"和"建筑师"

新闻报道活动是一项复杂的系统工程，涉及新闻工作的方方面面。

一家媒体的首要任务，就是要确立自身的编辑方针，这相当于对媒体进行顶层设计。承担这个任务的，是以该媒体总编辑为首的编辑委员会。编辑委员会的成员，来自媒体高层和各部室等分支机构的负责人，其中后者代表了所有一线的业务编辑。编辑方针规定着媒体的受众定位、报道内容、媒介水准和风格特色，是媒体全体采编工作人员的行动纲领和指南，它需要反复研讨，集思广益，方能定型。因此，媒体的编辑方针，凝聚着几乎所有编辑的智慧。

从新闻报道活动的一般流程看，新闻编辑既是新闻报道活动的"设计师"，又是新闻报道活动的"建筑师"。

首先，新闻报道前期的计划制订、选题策划、报道组织，需要新闻编辑进行总体谋划。不仅是重点报道、专题报道需要谋划，即使是日常报道，也需要新闻编辑运筹帷幄。在实践中，每家媒体的各个部门，每周少则有一次、多则有几次的选题会。选题会上，大家各抒己见，提出各自的选题，经过讨论，拟就一个时间段的报道重点、中心，然后知会全体采编人员，依照执行。

其次，新闻编辑中期的工作，主要是对记者采写回的稿件或者通讯社、通讯员等渠道发来的稿件，进行选择、取舍和修改。各版面的编辑会根据编辑方针，选择适合本媒体的稿件备发，此为"一审"。之后，版面编辑要对备发稿件进行处置，审看报道角度是否恰当，核对有无各种差错，进行文字修改润色，审查和制作标题等。经过版面编辑的劳动，选定的稿件会送交编辑部主任审查，此为"二审"。经过这道程序没被淘汰的稿件，方可进入下一流程。再接下来，编辑要进行版面配置，确定头条和其他稿件的版面位置，并根据需要配发图片等。对确定编发的重要稿件或有关敏感稿件，编辑部主任还会送交编委会讨论，直至总编辑最后定夺能否刊发，此为"三审"。新闻稿件的"三审"制度，是保证新闻质量的关键。

最后，后期的校对工作也离不开版面编辑的参与。稿件中的有些重要细节，如人名、地名、专业术语、重要数字等内容，需要版面编辑确认，不能确认的，还要和作者联络核对。实际工作中，许多报纸媒体都实行"三校"制度，每道校对工序都需要编辑签字确认。有的媒体也根据自身情况把编辑人员和校对人员合二为一。

在具体新闻实践中，新闻编辑还承担着更多的工作，比如，要经常和前方记者保持联络与沟通，不断发现新选题或调整报道角度，也要与后勤部门协调，保证前方采访记者的交通、通信、经费得到有力保障。

二、新闻传播活动的最重要"把关人"

"二战"期间，美国社会心理学家卢因（Lewin）注意到这样一个现象：为解决战时物资不足的情况，美国政府号召人们食用牛下水（牛的内脏）。但除非家庭主妇接受这一宣传，将牛下水端上餐桌，否则其他家庭成员不可能接触到它。卢因对家庭主妇扮演的这种角色的社会意义进行了深入研究。1947年，在他的代表作《群体生活的渠道》中，卢因提出了"把关人"（gatekeeper）的概念。他把信息的流通描述为通过一道道"门"的过程，"把关人"的喜好决定了信息是否能够通过"门"进入下一轮传播。

在新闻的传播过程中，"把关人"现象同样普遍存在。任何一种新闻制度，任何一种新闻媒体，任何从事新闻工作的个人，在从事任何新闻活动的时候，都会根据各自的政治观念、价值立场、新闻理念、法律制度，乃至个人偏好去选择新闻。对符合他们需要的新闻，他们会通过报道角度、稿件数量、报道类型、版面编排等方式予以凸显。而对他们不感兴趣的新闻，他们可能通过减少报道数量，只发简短消息，放置在次要版面等手段，表明其相对漠视的态度。而对他们反对或反感的新闻，他们或完全遮蔽，不加报道，或者从批评批判的角度加以报道。从客观上讲，新闻不可能有闻必录，也更没必要有闻必录；但从总体上说，我们应该追求新闻的客观、真实、平衡，不过绝对客观的新闻报道是难以实现的。某种意义上说，这是由人的心理定式决定的，可以说是人性的一部分。在各种新闻机构中，充当"把关人"角色者众多，有记者、编辑、编辑部主任、总编等，但最重要、最基层的"把关人"是编辑。编辑可以知会记者和通讯员，他需要或喜欢什么类型的稿件；他可以在来稿中根据自己的标准仔细挑选，合用则留，不合则弃；他还会对已有稿件指挥记者或者亲自修改报道视角，删除他认为不重要的部分。

在网络传播时代，由于网络的开放性、匿名性、及时性、互动性等特征，许多人认为新闻编辑"把关人"功能出现弱化现象。在某种意义上，这种看法有道理，传统媒体的信息传播能力在网络传播时代受到挑战，许多新闻的第一报道者常常出现在网络上，而信息控制在网络时代也受很大影响。

人们对新闻事件的看法，也不再单由传统媒体提供。但我们要看到，"把关人"功能同样存在，只是其角色发生了变化。一方面，各家网络媒体在提供新闻信息产品时，其新闻编辑实际上同样扮演着传统"把关人"角色。另一方面，在社交媒体、论坛、新闻评论区等被认为"把关人"功能弱化得比较严重的区域，那些信息发布者其实也是"把关人"——他们不会发布不利于自己的信息，他们已经进行了"把关"的工作。同时，我们也注意到，国家的法律法规、新闻的评论版块的审核功能，都在进行着或宏观或微观的"把关"。新闻编辑在这个时代的"把关"职能，也因此显得更加重要。

三、媒体报道的议程设置者

媒体新闻大都是记者跑出来的，即使身处新闻现场的一线记者，其采访报道也必须和新闻编辑沟通，确定能否纳入本媒体的报道规划。更多时候，新闻编辑要根据编辑方针、媒介定位、报道计划等因素，确定一段时期新闻记者采访报道的选题、主题和报道角度。西方新闻理论称媒体的这种功能为"议程设置功能"。

1972年，美国传播学家M. E. 麦克姆斯和唐纳德·肖于在《舆论季刊》上发表了一篇题为《大众传播的议程设置功能》的论文，首次提出"议程设置功能"理论假说。他们的研究是基于对1968年美国总统选举期间媒介的选举报道如何影响选民所作的调研总结。他们发现，媒体一般不能决定受众针对某一事件或意见的具体看法，但可以通过提供信息和安排议题，去有效地影响人们关注哪些事实和意见，以及关注的先后顺序，即媒体无法左右人们怎么想，却可以诱导人们去想什么。

议程设置理论，对新闻编辑的工作有重要借鉴意义，因为新闻编辑就是媒体报道的议程设置者。

首先，新闻编辑的日常工作，也可以说就是议程设置工作。媒体每天每时每刻要面对国内外的海量信息，选择报道什么，不报道什么，是由媒体的编辑方针和媒介定位决定的。它通过信息的筛选、过滤，通过版面安排、稿件的配置等手法，巧妙地把媒体想要突出的信息和议题，优先提供给受众。比如，就报纸而言，置于头版头条位置的新闻，自然最受关注。另外，放大标题，使用有视觉冲击力的图片，也是新闻编辑凸显信息或议题重要性的常用方法。

其次，议程设置是媒体重点报道工作的需要。媒体工作是日常工作和战役性工作即重点报道工作的组合。每年，各种大大小小节假日，各种类型重要纪念活动，还有国内外各种突发事件——政治性、自然灾害、社会灾祸等，这些既是受众关注的热点，也是媒体报道的重点。各媒体都会使尽浑身解数，在报道数量和质量上大显身手。对节假日和重要纪念日而言，如何避免"年年岁岁花相似"，避免千"媒"一面？关键要在报道前别出心裁地设置议题。比如中央电视台2016年的春节报道，通过"组合拳"，在春晚报道、主题主线、节日年俗、动态热点等领域齐发力，推出多个有影响的节目版块，精准解读主题，创新节目范式，传播效果突出。对突发性事件而言，在报道受众关心的各种信息时，如何设置独家议题，也是新闻编辑必须思考的问题。比如，2011年3月11日，日本福岛核电站因为海啸引发核泄漏，全世界媒体都在关注。南昌电视台作为一家地方电视台，如何报道这一新闻？编辑选择了报道日本首都东京市民对这一事件的态度。这一报道，不仅让国内观众洞悉了灾难中日本民众的状态，也安抚了国内心理紧张的部分观众，从而最终得到了受众的关注和好评。

总之，在重点事件报道中，媒体不仅要善于发掘独家新闻，更要在众多报道中独树一帜，而要做到这些，就要充分发挥议程设置功能。

最后，议程设置能巧妙把握热点，正确引导舆论。中国社会正处于深刻的转型期，各种社会热点层出不穷。对有利于社会发展、稳定、前进的热点，媒体有必要投射更多的关注。但在关注中，如何把热点做深做透，是对新闻编辑议程设置能力的考验。

因此，作为新闻编辑，应该时刻具备"翻新"意识。面对一条新闻线索、一篇新闻稿件，必须仔细掂量、反复比较，力求思考更深入一些，视野更宽阔一些，联想更广泛一些。如何"翻新"呢？一要看原稿中有没有未被记者发现，却更具有新闻价值的内容。二要看能否从单一的具体事实的报道，引发对某种普遍社会问题的思考，并促进问题的解决。三要看报道的事实有无不合适之处，与现行政策策略有无冲突之处，报道出去是否有副作用。四要看使用何种报道形式，是消息，是通讯，还是评论？——受众更乐于接受。

五要看选择什么时机才能发挥更大的传播效果。

经过新闻编辑这样几次"翻新"的稿件，和原稿已经有质的差别了，也就更符合"新闻"的定义和价值了。

第三节　新闻编辑的作用

随着时代的进步和新闻学科的自身发展，人们对新闻编辑在新闻传播活动中的特殊功能和作用的认识越来越明晰，先后从不同角度对其进行了描述。对于编辑工作的多方面的重要地位，沈兴耕在《报纸编辑实务》中也有过精彩概括："编辑部的意图能否得到很好的贯彻，也要看编辑；记者的劳动能否得到最佳的体现，同样要看编辑；广大读者的愿望能否最大限度地得到反映，还是要看编辑；报纸办得是否精彩，最后仍然要看编辑，或者说很大程度上取决于编辑。这是一个被无数事实反复证明了的基本结论。""一个不争的事实，这就是新闻编辑工作的重要性还远未受到应有的重视。""在很多报社、编辑部及其他媒介编辑部，重记者、轻编辑的现象仍然是存在的。"针对这种现象，作者提出编辑"是对报纸及其传播活动的总设计者""是对大量新闻稿件的再创作者""是对报社内外各项业务的集大成者"。

一、从报纸角度对新闻编辑的认识

从传统的报纸编辑工作角度看，编辑与采写和通联为并列的报纸编辑的三大门类，而在这三者之中，编辑具有"总串联""总合成""总把关"作用：[1]

其一，"总串联"作用："一张报纸的出版，需要编辑部各工种、各环节多方面的配合，如需采访、通联、美术、校对、电讯、资料等各个部门的通力协作。但是，把这些工种这些环节有机地串联起来、联合起来，使报纸的出版工作得以有条不紊贯彻始终地进行，这要靠编辑工作。"

其二，"总合成"作用："一张报纸的出版，渗透着整个社会的劳动，缺哪个方面都是不行的。但是，把这些力量积聚起来，把很多人的劳动汇总起来，充分体现这种社会劳动的成果，最终编出报纸来，实现和完成组织宣传任务，这要靠编辑工作。"

其三，"总把关"作用："一张报纸的出版，还要靠各方面严格'把关'，防止各种差

---

[1] 叶春华.报纸编辑（修订本）第三版［M］.福州：福建人民出版社，1992：1-3.

错见报,以保证宣传和传播的质量。为了这个目的,固然各方面都要'把关',但是编辑工作在此有特别重要的意义和作用。"

二、从报业角度对新闻编辑的认识

当新闻业作为信息产业的一部分时,我们的传统观念改变了,报纸成了文化产品,报纸成了一种产业,报纸的生成过程成了一种产业运作过程,新闻编辑在报纸生产系统中的功能与作用被重新界定:[①]

报纸编辑部门是报纸生产系统的设计和决策中心。这是指编辑实际上承担了对报纸编辑方针的确定和对报纸的设计。

报纸编辑部门是报纸生产系统的指挥和调度中心。这主要是指编辑部内记者、资料员、技术人员、印刷工人等生产环节的人员协调也主要是由编辑来承担的。

报纸编辑部门是单位新闻产品的制作、加工和组装中心。这主要是指报纸产品的最后的组装集成也在编辑手中最后完成。

报纸编辑部门是报纸生产系统与报纸销售系统相互联系的重要枢纽。这主要是指提供给销售部门的最后产品是由编辑提供的,而销售部门的销售状况也主要是反馈给编辑。

三、从传播学角度对新闻编辑的认识

从传播学角度看,新闻编辑首先扮演着"把关人"角色。"把关人"(Gatekeeper)是美国社会心理学家库尔特·卢因(Kurt Lewin)于1947年提出的。卢因认为,在人类的群体生活中存在着不同的信息渠道,而每一条渠道都有一个关口,每个关口都有"把关人"。1950年怀特(D·White)用"把关人"来描述编辑。怀特以一家日销3万份的地方日报做了一周的实验,请该报将一周之内所收到的电讯稿和报纸选用的电讯稿分别进行登记,调查结果发现,美国三大通讯社(美联社、合众社、国际社)的每天新闻信息加起来,只有11%被该报录用。1954年,美国学者卡特利普(S. C. Katlip)对美联社的发稿过程再次进行了研究,对"把关人"行为作出新的描述,新闻的传播在面向大众之前已经经过了三个"关口"。第一道是美联社总编辑部,将记者每天发回的约12万字,选出40%,约5.7万字发至各州分社。第二道是各州分社,从5.7万字中选出1.3万字,再加上分社自采的本州新闻,共约1.9万字发至本州各报。第三道是州内4家日报编辑部,其选登美联社新闻约1.2万字,除去重复的,平均每家日报发表美联社新闻不到1万字,只占美联社记

---

① 郑兴东. 报纸编辑 [M]. 武汉: 武汉大学出版社, 2000: 1-4.

者每天采发稿总量的8%左右。可见,新闻信息流通的数量、质量和选择倾向最终决定于编辑。在我国,编辑的把关原则是多方面的,一般认为有以下几个方面:宣传原则、法律原则、真实性原则、版面原则、文法原则等,下文中将有详述。

其次,在现代大众传播中,编辑实际上又扮演着"隐匿意见领袖"的最初角色。"意见领袖"(Opinion leader)本来是针对人际传播中产生效果的一种假设。事实上,人际传播中"意见领袖"的倾向性意见的形成大多来自大众媒介的意见。由于大众媒介中编辑的"把关人"特殊地位,编辑的直接言论或者他所选择的言论,本身就是一种倾向性意见,事实上,编辑扮演着"隐匿意见领袖"的角色。我们以最新一个事实为例,来看编辑对意见传播的影响力。

2002年8月7日,北京大学希夏邦马西峰登山队5名队员在突击顶峰时,在海拔6750米处不幸遭遇山难,消息传出,引起各家媒体的跟踪报道和品评。各地媒体都在扮演着"意见领袖"的角色:

《北京青年报》:精神不可灭

"北大山鹰社在民间登山领域名声响亮,他们不畏艰辛的精神激励了一批批北大人。不能因为这次事故的发生,就把山鹰社存在的必要性完全抹杀,更不能把他们挑战自然、挑战自我的行动归结为无谓的青春冲动。如果我们因噎废食,我们还会失去冒险的勇气、探索的精神和征服的渴望。"

《天津日报》:无谓的牺牲

"探险不等于冒险,不怕牺牲不等于无谓牺牲。弘扬探险精神一定要以生命为代价吗?此次北大登山队挑战希夏邦马峰,冒险的成分明显大于探险。希望他们的牺牲能唤起真正的科学探险,最大限度减少无谓的牺牲。"

《中国青年报》:为梦想喝彩

"体育的荣耀里有时也荡漾着悲伤,死亡是登山中无法避免的话题。深信北大登山队的队员们在每一次出征前就早已有了壮士一去不复返的心理准备。年轻本来就该有梦想。在功利的社会里,他们的精神已成为一种永恒的财富。"

《南方都市报》:生命最可贵

"'北大山难'固然有大自然不可抗拒的灾难所致的原因在,违背自然规律受到自然惩罚的恶果也是不容忽视的因素。这样的死，很难说体现了什么价值，不值得专业之外的人们去效仿，毕竟人的生命才是最可宝贵的。"

《体坛周报》：选择的权利

"如果凡事都要讲意义，这个时代是不是就变得很无趣？在每一颗还没有学会圆滑和世故的年轻心中，都有一个江湖。在那五位登山者的心中，江湖就是可以用双脚丈量的全部土地，可以凭一己之力到达的极限高度。他们是为心中年轻的梦想而死，和勇气无关，和英雄无关，更和莽撞无知无关。关于这件事，我希望越来越多的人懂得尊重别人选择的权利。"

《解放日报》：亡羊补牢

"山难无法挽回，关键是前车之鉴如何成为后事之师。如何在今后继续支持登山活动的同时，出台各项具体措施，保证各有关方面配合做好准备工作，最大限度地避免类似悲剧的发生，恐怕是处理好善后事务之后，首先要考虑的问题。"

由于媒体的特殊性质，它所发表的任何意见都会产生一定的社会影响，所以媒体的引导责任更重要，编辑的态度更重要。

第三，编辑同时又是接受意见反馈的主要通道。具体对一个报纸编辑来讲：其一，常常是接触读者反馈意见的第一人；其二，给读者意见作出解释和回答的也主要是编辑；其三，接受读者的反馈意见，调整和改善工作的具体实施者也主要是编辑；其四，媒体自身为了能有效地达到预期的传播效果，积极进行受众调查，收集反馈信息，实施这一切的还是编辑。

第四节　新闻编辑的素养

一、政治素养

翻查《辞海》，"素养"的解释是经常修习涵养，也指平日的修养。所谓的政治素养，主要是指在政治立场、政治品质和政治水平等政治素质方面的修养。新闻媒体直接或间接地反映一个政党或集团的政治立场、政治主张、政治观点，编辑是新闻媒体的从业主体，编辑的政治素养直接决定着新闻媒体的政治倾向。

（一）政治敏锐性和政治洞察力

社会主义新闻事业是党、政府和人民的耳目与喉舌。在我国社会转型期和社会矛盾凸显期，新闻工作者应站在一定的政治高度，始终以大局意识、宗旨意识和责任意识立足岗位职责，勇于担当，保持清醒的政治头脑，不断提高政治敏锐性和政治洞察力，看得准、深、远，真正把社会责任落实到版面和文字上。

1. 政治敏锐性

政治敏锐性是指由人们的学习经历、工作经验和自身悟性决定，对某一事物、事件或事情潜在包含的政治影响力和政治性质的判断能力[①]。编辑的政治敏锐性是指编辑在从事专业技术工作的过程中，能够见微知著，迅速准确地理解和把握党的路线、方针、政策，判明利害，把握问题的发展趋势。

政治敏锐性是编辑应具备的基本素质。社会主义新闻事业具有鲜明、强烈的政治性，这就要求新闻编辑不仅要具备高度的政治敏锐性，同时必须具备坚定的政治立场与政治信念，以及敏锐的政治洞察力。政治敏锐性是新闻敏感的核心，编辑的政治敏感源于高度的社会责任感和对时局、政策的把握；只有保持高度的政治敏锐性，才能迅速而敏捷、细致而深入、全面而准确地观察、分析和报道好各种新闻事件。"政治家办报"，是对中国报刊编辑的基本业务要求，也是编辑业务中的难点和重点[②]。社会主义新闻事业，要牢牢坚持新闻的党性原则，坚持党性和新闻规律统一的原则。

政治敏锐性不是一个空洞的要求，而是要落实到新闻编辑具体的日常工作中，编辑稍有松懈，就可能酿成差错。

2. 政治洞察力

政治洞察力是指人们透过政治现象看清政治本质并采取正确政治抉择的能力[③]。编辑只有具备了深远的政治洞察力，才能不被假象所困、不被流言所扰，在大是大非面前才能够分清主流和逆流、真理和谬误、真善美和假恶丑，立场坚定，旗帜鲜明；在纷繁复杂的社会现象面前才能够认清本质，明辨是非、把握正确的政治方向，坚定自觉地在思想上、政治上、行动上同党中央保持一致。

---

① 陆昱. 谈编辑的政治素养 [J]. 陕西行政学院学报, 2016, 30 (01): 116-118.
② 韩松, 黄燕. 当代报刊编辑艺术 [M]. 上海：复旦大学出版社, 2006：27.
③ 宋亮亮. 社会新闻报道政治差错案例解析 [J]. 青年记者, 2014 (13): 58-59. 陆昱. 谈编辑的政治素养 [J]. 陕西行政学院学报, 2016, 30 (01): 116-118.

（二）现代公民意识与使命感

当今人类已经步入信息社会，随着社会的发展，新闻编辑职业身份的内涵和外延都在不断地变化和丰富。数字时代新闻编辑工作者的政治素养，除了传统要求的马克思主义立场和政治理论素质等方面，还应具备与现代法制社会、市场经济和信息社会相适应的意识，尤其是做一个合格现代公民的意识、社会公平正义的意识以及尊重社会公众的意识。

所谓公民意识，是指公民自觉地以宪法和法律规定的基本权利和义务为核心内容，将对政治共同体的归属感和忠诚感、权利和义务融为一体的自我认识。公民意识是社会意识的一种存在形式。作为一种现代意识，公民意识包括公民的主体意识、公民的权利意识、公民的责任与义务意识、公民的法治意识、公民的道德意识、公民的监督意识和公民的责任意识。此外，公民意识还包括公民应具有的民主、自由、平等、公平、正义等方面的意识。随着社会发展水平不断提高，信息技术推陈出新，公民意识日渐成熟，公众对新闻的需求量也在不断加大，对新闻媒体的要求更加全面具体。新闻编辑工作者不仅要提高新闻内容质量，以最大程度满足大众的新闻需求，同时还要坚持新闻的党性原则，遵循新闻规律，具备紧跟新形势的能力，树立对国家、社会、人民的道德责任感和历史使命感，与时俱进，不断丰富与完善媒体经营理念，赋予其时代内容，反映大多数人的价值取向，反映国家和社会公众共同期待解决的普遍问题。

无论是传统的报刊编辑，还是信息社会的多媒体编辑，优秀的编辑工作者应是一个谦虚、好学、具有较高政策理论水平和现代公民意识的人。坚定而良好的政治素养、责任感和现代公民意识，能够让编辑人员紧跟新形势，认真研究和掌握党的各项方针政策，用唯物主义的立场、观点和方法解决编采工作中遇到的新问题、新矛盾。在新闻工作中，只有积极认真地宣传好党的方针、政策，宣传好党和政府的重大决策部署，反映党和国家的政治立场、政治主张和政治观点，消除、制止消极有害的舆论，将核心价值观落实为主流群体，尤其是年轻群体所乐意接受的传播方式和传播话语，同时在传播中反映时代的声音和现代性，才有可能赢得最大程度的共鸣。

二、思想素养

编辑的思想素养主要体现在高尚的人生观与世界观、崇高的新闻职业道德、切实履行"把关人"职责、为人作嫁的奉献精神四个方面。

（一）高尚的人生观与世界观

人生观是一个人对人生的态度、目的、价值、理想以及个人同社会的关系的根本看法。编辑的人生观与理想，决定着新闻传播活动中的价值取向，支配着新闻编辑对现实变动的理解及审美趣味。作为新闻传播活动的主体，新闻编辑在新闻实践中需要有明确的人生理想去支配其传播实践，在一系列的传播活动中贯穿对社会变动的体验，这些体验影响着其所选择的新闻的真善美程度，也影响着审美趣味高低，进而影响到受众的人生态度。因此，编辑在工作中，首先应该成为一个道德素质高尚的媒体人，必须明白自身的道德责任，以恰当的版面语言来表达思想、传播信息。否则，即使报道水准再高，也会使媒体整体质量大大降低，甚至在舆论引导上造成大错，对社会造成严重的不良后果。

如2013年某报在头版用"这不是走光，是走私"黑色粗字体为标题，以女性裙底做大幅图片，突出了一则深圳海关查没走私品的新闻。该新闻图片的尺度和社会影响，立刻在微博上引来网友热议。该新闻消息称，深圳海关开展代号为"HS05"的大规模查缉行动，一举摧毁两个"水客"团伙，抓获犯罪嫌疑人12人。两个团伙中的女性"水客"均为香港籍90后，她们打扮时尚，将走私品藏到了裙底。该消息置于头版，并配发极具视觉冲击力的照片。这种一味满足某些格调不高的读者的猎奇心理，忽视广大受众，尤其是女性受众的心理感受，是对女性的极端不尊重，更是置媒体人的职业道德于不顾，严重降低了报纸格调，违反了新闻伦理，也体现了编辑思想道德素养的欠缺。

（二）严守新闻职业道德

我国《公民道德建设实施纲要》中，对职业道德的表述为："爱岗敬业、诚实守信、办事公道、服务群众、奉献社会。"这个表述，适用于各行各业对职业道德的普遍要求，当然也应包含新闻从业人员。新闻工作者的职业道德，是指在长期新闻实践活动中形成的调整人们相互关系的新闻规范和准则，是社会道德对新闻记者这一职业所提出的特殊要求。

从1815年的《察世俗每月统记传》开始，我国新闻事业经历了两个世纪的风风雨雨。一百年前，梁启超便对新闻从业者提出了"五本""八德"的职业道德要求，其论述在今天仍然具有启示意义。爱岗敬业、诚实守信、遵纪守法、公正公平、严谨细致的工作作风，创新意识、自律意识，一直都是新闻编辑思想道德素养的内在要求。新闻编辑应当讲诚信、廉洁自律，坚持社会主义的义利观，把维护作者、受众和媒体的利益有机结合起来，正确对待和处理国家利益、集体利益、个人利益三者之间的关系。

新闻工作是一项光荣的工作，也是一种神圣的职业。为规范新闻工作者的职业行为，中华全国新闻工作者协会在1991年制定通过了《中国新闻工作者职业道德准则》，此后分别于1994年、1997年和2009年进行了三次修订。该准则提出了新闻从业者需要遵守的

"全心全意为人民服务、坚持正确舆论导向、坚持新闻真实性原则、坚持发扬优良作风、改革创新、遵纪守法和促进国际新闻同行的交流与合作"这七条职业道德规范要点。然而，近年来，新闻媒体及其从业人员职业道德失范的事件时有发生，某些新闻工作者职业道德滑坡，出现低俗新闻、有偿新闻、索要"封口费"、虚假新闻等不良现象，引起受众的不满，让整个新闻界蒙羞。

综合来看，虚假新闻传播速度快，传播范围广。虚假新闻严重违反了新闻的真实性原则，同时，向媒体提出了两大诘问：一是如何摆正时效性与准确性的关系；二是如何面对新媒体环境下的新挑战。新闻信息传播的"快"，并不能以放弃"真"为代价，在发布信息前认真核实信息源，才是媒体的立足之本，也是新闻编辑遵守新闻职业道德的应有之义。

（三）切实履行"把关人"职责

新闻编辑作为新闻媒体的"把关人"，其重要作用不言而喻。新闻编辑从业人员素质的高低，直接影响着媒体的整体水平与形象，影响着媒体的生存与发展。优秀的新闻编辑必须具备高度的新闻敏感，树立起强烈的把关意识，并承担起应有的政治使命和社会责任。新闻编辑的"把关人"职责，主要体现在以下方面。

1. 把好新闻事实关：真实准确

真实性是新闻事业赖以生存的基石，新闻要把完全真实、新鲜、可靠、准确的事实提供给受众，不能夸大、缩小、歪曲甚至颠倒黑白。小到新闻的个别细节，大到新闻的整体事实，新闻编辑都必须严查真实性和准确性，履行好"一夫当关，万夫莫开"的职责。

2. 严把政治方向关：政治正确

新闻事业属于上层建筑，各家媒体代表着各种集团的利益，在对客观事实的报道中，其背后有多方关联。在我国的传媒语境下，政治方向始终贯穿着新闻活动的始末，严把政治方向关，是"把关"过程中最重要最核心的一环。

3. 把好舆论导向关：正确引导舆论

社会舆论是公众情绪的公告栏，它显露出一定社会群体在特定时期内共有的一种心理和情感诉求。正常良性循环的新闻媒介应该既能够承担真实反映舆论动态，反映群众愿望及要求、呼声的任务，也能够扛起引导舆论走向、统一思想认识、缓解社会矛盾、沟通党和政府与人民群众联系渠道的责任。

新闻编辑是实际意义的"把关人"，媒体要完成什么样的任务，达到什么样的目的，最终要靠编辑来完成。在全媒体信息时代，网络编辑的"把关人"角色也与传统媒体一样，都有信息搜集、取舍、过滤、整合、发布的过程。海量的网络信息，让网民实际上比以前更需要专业人士替他们进行信息过滤，将无用的、冗余的或虚假的信息拒之门外，将有用的信息化为己用。

（四）为人作嫁的奉献精神

唐人秦稻玉《贫女》诗言："苦恨年年压金线，为他人作嫁衣裳。"后来，人们常常用"为他人作嫁衣裳"来意指促成别人的好处，自己却没得到什么。在日常生活中，人们也往往把编辑工作形容成"为他人作嫁衣裳"。新闻编辑是一项需要付出大量精力而又默默无闻的工作，无论是普通的还是优秀的新闻作品，受众记住的往往是记者或作者，被人知晓的编辑并不多。编辑的劳动渗透于文化产品的各个环节，实际上，编辑工作在整个媒体工作中的地位相当重要。以每日出版的综合性报纸为例，编辑工作大体包括报道的组织与指挥、单稿的选择与编写、群稿的配置与安排以及报纸的审定与付印等四个方面。可以说，编辑工作是整个媒体工作的轴心，是报纸组织宣传的"总合成"与"总把关"。要想当好一名新闻编辑，需要有"淡泊名利，宁静致远"的崇高操守。对新闻编辑而言，任劳任怨是其奉献精神的具体表现。记者是新闻的第一线工作者，采访、见报（或广播播音、电视出镜）都要署名，这是责任的表现，也是公众监督的需要。

互联网时代，在网络上获取新闻和信息已经成为人们日常生活中必不可少的需求。为顺应时代发展的需要全国各地的大小传统媒体已经纷纷开发新的媒体形态，新闻网站、媒体客户端、微信公众号等。网络可以24小时不间断地在线发布信息。网络媒体"全天候"的技术特点，决定了网络新闻编辑不但必须树立起"新闻传播是没有间隔性的"全天候编辑思想，同时也要求网络新闻编辑不是完成某一天、某一时间段的新闻，而是滚动地、连续地工作，就更加需要编辑树立并崇尚甘当无名英雄、甘为人作嫁衣、甘当铺路石的奉献精神和职业道德。

三、文化素养

文化素养指人们在文化方面所具有的较为稳定的、内在的基本品质和修养，它决定着一个人对人类精神成就的分享程度，决定着其对世界理解的广度和深度，决定着人与人之间的相互交流、交往的层次和品位。编辑的文化素养决定着新闻传播内容的质量和品位、价值和内涵。21世纪是知识经济时代，现代科学技术的发展日新月异，生产技术与管理知识在不断更新，知识生命周期越来越短。新闻传播业处在知识经济的前沿，面临着前所未有的机遇与挑战，不断积累各行各业的知识，拓宽知识面，学习并掌握新知识、创造新知识，这是编辑工作的内在必然要求。

（一）常识面

常识即普通知识，它是一个生活在社会中的心智健全的成年人所应该具备的基本知识，包括生存技能（生活自理能力）、基本劳作技能、基础的自然科学以及人文社会科学知识等。编辑的基本常识，是从事新闻传播活动必须具备的相关领域内的基础知识，包括必须掌握的文、史、哲与外语、计算机等方面的最基本的知识。任何一种媒体的编辑工作人员，都必须具备相当扎实的基础知识，否则无法胜任工作。

（二）知识面

新闻传播的内容囊括了天地间的世事兴衰、人生百态、四季更替、虫鸟鸣啾，客观反映现实世界中发生的种种变动，是现实生活中的"百科全书"。编辑需要具备渊博的知识，才能完成这一使命，这是编辑必备的修养之一。

编辑号称"杂家"，编辑人才不仅要有广博的百科知识、基础知识，还要有深厚的专业知识，如新闻传播学理论与业务知识以及相关领域的专业知识。在新闻不断向纵深发展的信息时代，浅尝辄止的"了解"已经不能适应编辑工作的要求，人们不再满足于只知道发生了什么事情，更想了解发生的原因、可能引发的后果和变化，更讲究新闻的深度、思辨性和分析性。这就要求编辑在具备渊博知识的基础上，成为某一领域的专家，对问题有独到的研究和见解，不断丰富自己的知识储备和合理的知识结构，不断更新知识，获取最新的信息和资讯，才有可能对稿件进行准确的判断和评价，在选择策划、加工修改时游刃有余。

（三）文字能力

新闻编辑每天都要处理、修改大量的稿件，还有制作标题、配发言论等工作任务，这就要求编辑必须具有较高的写作水平。新闻编辑的写作水平是其文字素养的体现，文字素养又与其工作的能力与效率息息相关，良好的文字素养是做好新闻编辑的基本条件，是提升稿件质量层次的重要保证，也是新闻编辑写好文章、修改文章的基础。采写稿件、编辑稿件，是编辑工作者应具备的基本专业技能，编辑出的稿件要有新意，既要编辑出传承优良传统的稿件，又要编辑出紧跟时代主旋律、富有新意、为读者所喜闻乐见的稿件，才能切实起到引导舆论导向的作用。同时，稿件要言之有物，实话实说，少说空话、套话、官话，不矫揉造作、哗众取宠，以诚恳平等的态度为读者服务。

新闻编辑要为别人修整文字或配置言论，要正确引导舆论，必须努力锻炼文字意识与习惯，虚心学习，自觉"咬文嚼字"，勤于查阅字典、词典，不断努力提升思想政治、文化素养和文字采写编评能力，从而提升工作能力，提高编辑工作质量。

四、新媒介素养

新媒体是不同于报纸、电视、广播等传统媒体的，基于互联网的一切新的传播媒体，它既包括网络媒体、手机等各种移动端、数字电视，也包括所有数字化了的传统媒体。新媒介素养，是指在社交网络革命、互联网革命和移动互联革命的背景下，个人为了适应新的媒介环境和社会关系变化，构建更大、更好的社交网络，应该掌握的新能力。随着技术的不断发展，时代赋予新闻编辑工作者的责任已经发生了很大变化，新型的新闻编辑人才不仅需要传统编辑的各项素养，而且需要良好的新媒介素养。

（一）运用新媒介的能力

全媒体时代，传统的"一支笔""一张纸"的编辑手段逐渐被计算机屏幕所代替，科技更迭换代速度日益加快，新技术层出不穷，这不仅要求现代新闻编辑的编辑观念必须从单一化向多元化、现代化转变，而且要求新闻编辑工作者必须迅速掌握现代化编辑技术手段和操作技术，提高运用新媒介的能力，具备跨媒介工作的能力。媒介融合的大背景下，利用多媒体手段进行新闻传播活动的"融合新闻"传播模式被广泛应用，传媒集团利用新的传播技术，将报纸、电视台、电台、互联网和移动互联网的媒体采编作业有效地结合起来，为媒体集团内多个媒体平台服务，这便要求新闻编辑具备多种新媒体操作技能，熟悉各种媒体平台的传播，尽可能发挥各媒介所长，既能编撰文章，又能制作影像节目，熟练整合文字、图片、声音、图像等信息，还能够自如地根据各媒体平台的传播特性和需要，为不同媒介提供风格各异的新闻素材，通过多介质平台呈现并传播其新闻作品。

（二）分析处理信息的能力

近年来，信息爆炸式增长，人类社会迎来了大数据时代，对媒体形态和格局产生了深远影响。可以说，从信息时代走到数字时代和智能时代，新媒体的本质是大数据分析。大数据时代，信息的内涵已不仅仅是消息等新闻，而是各种各样的数据。这就要求媒体必须适应新的信息生产和传播方式，以多元化媒介来承担信息传播的职能。生产、分析、解读数据，探索一条为受众和用户提供分众化服务和体验的媒体发展之路，将成为媒体竞争的必备技能。信息量激增的环境中,如何在庞杂的信息里筛选、发现、鉴别真正具有新闻价值的信息,并将其有序整合并呈现,使之成为具有影响力的新闻报道,成为媒体人迫切需要解决的问题。为了达到这一目标,要求新闻编辑充分利用大数据和关系链,针对不同的受众需求,为用户筛选、推荐最适合的内容,提供近乎量身打造的个性化、专业化新闻资讯。

(三)批判精神和创新意识

新媒体时代,媒体的发展需要新思路,新闻的制作也需要不断探索新的报道形式和报道手法,不断生产富有新意的优秀作品。受众对媒介文化要有正确的价值判断,传播者更要传播正面、积极向上的内容,正确引导社会舆论,做好"把关人"的角色:这要求"把关人"一方面要积极引导并提高受众的媒介素养和品位,另一方面要不为谋求私利而低俗迎合,进而正向影响、提高整个社会的媒介素养。

积极谋求与社会化媒体的切合点,适应时代潮流,还需要提升新闻编辑的创新意识,才能对社会文本、新闻素材进行更富有创造性的选择、整理、优化和组合。编辑的创新意识是主体创造力的体现,是优化选题、提高精神产品质量的首要条件,也是一位优秀编辑具备核心竞争力的标志。

2014年9月28日新华网刊播沙画图解集成报道《简政放权——持续改革再发力》,首次引入沙画形式,丰富了页面及报道形态,这在以往重大时政新闻报道中从未有过,让人耳目一新。以简政放权为核心的政府职能转变,是2014年中国政府工作的重中之重。新华网与中国政府网合力,紧扣这一重大主题,打破传统的以文字、图片为主的报道模式,形成全面、直观、生动、可读性、交互性强的沙画图解集成报道。该报道采用小切口反映大主题,通过发生在日常生活中两个年轻人的创业经历,反映简政放权带来的变化和简政放权这一重大改革主题的新进展,真正做到了贴近实际、贴近生活、贴近群众。在表现形式上,除了沙画外,该作品还融合了可视化信息图、动态交互数据图、漫画故事等多媒体手段;在文字表达方式上,打破时政新闻艰涩的传统,以朴实、平和、有趣的网络语言,对简政放权进行"体检式"盘点、梳理,作品达到了融合理念,画、图、文有机融合;在页面设计上,利用互联网新技术,充分考虑多屏、多终端、交互性等传播理念,实现了PC端、移动端的自适应。专题既可以流畅播放沙画视频,又可以轻松读取图文稿件,从而满足不同用户的阅读体验,同时,多终端适配,利用先进的互联网新技术,实现了多介质、多终端、多维度传播。

由于互联网的不断深入发展,现代新闻编辑的工作环境越来越开放,与国外同行的交流合作力度和范围加大，这也要求现代新闻编辑必须掌握现代语言工具，能够使用外语交流；"采编合一"的模式，也决定了新闻编辑和记者一样，需要掌握诸如使用数码相机、笔记本电脑、卫星传稿技术、驾驶汽车等现代化的通信工具和交通工具。当然，对新闻编辑还有其他的能力要求，如心理承受能力、应变能力、公关活动能力、发现和培养人才的能力等。

总之，随着我国社会经济、文化的高速发展以及国际信息交流的不断加强，新思想、新观念、新问题的不断涌现，广大人民对信息的需求也在日渐提升，新闻编辑工作已经由以往的简单排列迈向了复合创作时代。作为新闻媒体的传播者，新闻编辑要想在本行业大展拳脚，需要良好的人文和科学基础知识，较强的理性思维能力，全面的专业动手能力，以及广博的社会实践经验常识等。这些综合能力的积累和提高并不是一蹴而就的，它是一个长期的过程，需要在编辑岗位上刻苦实践，不断摸索和积累。

思考与练习

1. 名词解释：编辑；新闻编辑。
2. 简述新闻编辑的职能。
3. 论述新闻编辑的作用。
4. 新闻编辑的素养包括哪些？

第二章 编辑方针与媒介定位

学习目标

1. 了解编辑方针、媒介定位的定义。
2. 了解编辑方针制定的原则。
3. 掌握编辑方针应包含的内容，媒介定位的内容。

第一节 编辑方针

编辑方针是新闻媒体应遵循的总规则。它决定和制约着媒体的版面风格、节目品位、稿件选取、篇幅大小、写作水平、标题风格等。任何新闻媒体都有自己的编辑方针。一个好的编辑方针可以很好地指导编辑工作，反之，一个不恰当的编辑方针可能对编辑工作产生不良的影响。

编辑方针的制定是一个复杂的系统工程，绝非一朝一夕之事。编辑方针也具有相对稳定性，一旦确立就不会轻易改动。但这并不是说编辑方针一成不变，随着社会历史的发展，随着媒介生态环境的改变，不同时期对新闻事业会有不同的要求，编辑方针也因此会进行必要的调整。

一、编辑方针的定义

编辑方针指一切编辑活动中，新闻媒体根据自己的定位与发展战略对编辑的内容和形式所做的总体设计，是编辑工作所应遵循的基本准则。人类编辑活动根据工作对象和编辑成果载体的不同可划分为书籍编辑、杂志编辑、报纸编辑、电视编辑、广播编辑、音像编辑、网络编辑、新媒体编辑等。根据新闻媒介的不同可分出报纸媒介编辑方针、广播媒介编辑方针、电视媒介编辑方针、网络媒介编辑方针、期刊媒介编辑方针、新媒体编辑方针等。而各种媒介根据其性质、定位、级别、功能等又有不同的分类。

新闻媒体工作的根本方针，是要为人民服务、为社会主义服务，传播一切有益于经济和社会发展的科学技术和文化知识，丰富人民的精神文化生活，这是我国新闻媒体应该遵循的总方针。各新闻媒体机构都会根据自身特点有所选择、有所侧重，这就还需要在总的根本方针的指导下，制定具体的有针对性的编辑方针。

任何媒体都要根据自己的生存环境和自身所具有的条件，确定编辑方针。编辑方针是编辑工作的政策、法令和准则，是指导编辑工作的基本纲领，它规定了一个媒体机构的读者对象、传播内容、风格特色。编辑方针规定和决定了媒体宣传报道的方向和内容，媒体宣传报道的水准，媒体选择和刊用稿件的尺度，媒体的版面形式和风格，媒体特色等。总之，它是编辑工作的指针、编辑工作的灵魂，离开了编辑方针，编辑工作就会迷失方向。

编辑方针要有相对稳定性。编辑方针一旦确立，在较长一段时间里就会相对稳定，不能朝令夕改。编辑方针对媒体所有人员都有约束性，新闻编辑不能凭个人的志趣、爱好，随心所欲地处理事务。新闻编辑在选择新闻、修改稿件、制作标题、组织版面的时候，都要受编辑方针的指导和约束，都要遵照编辑方针的规定和要求，来决定取舍、增删、褒贬、扬抑，把该媒体的立场、观点、态度、气质、品格和风貌，通过版面、标题、新闻、言论、文章、图片等体现出来。

二、不同新闻媒介的编辑方针

（一）报纸的编辑方针

新闻媒体在创办之初或者改版之时，往往都会公开宣传其编辑宗旨和编辑方针，有详细阐述的，也有简略介绍的。如《新民晚报》把其编辑方针高度凝练成十六个字："宣传政策、传播知识、移风易俗、丰富生活"，既规定了传播内容和风格特色，也表明了其办报宗旨和新闻传播的立场、原则。

《经济日报》在办报方针的基础上详细阐述其编辑方针。《经济日报》在1992年改版时提出，报纸要"同中央精神贴得更近些，同实际工作贴得更近些，同群众脉搏贴得更近些"的"三个贴近"和"有利于增强新闻报道的宏观意识、理论意识、国际意识和批评报道有建设意识"的"四个意识"的原则来进行，并进一步阐述其编辑方针：第一，紧紧围绕发展市场经济这个大课题，开展多层次、多功能、多角度、多形式的宣传报道，并按照市场要素与经济运行规律设置版面；第二，从多种经济成分并存的现实出发，扩展报道面；第三，进一步发挥新闻媒介的传播作用，充分考虑不同层次读者的要求，努力把

《经济日报》办成消息总汇;第四,改版后的报纸应当突出三性,即权威性、实用性、可读性,使之具有浓浓的经济味儿;第五,继续发挥报纸在经济生活与社会生活中的舆论监督作用。

几家著名报纸的编辑方针如下,《纽约每日新闻》的编辑方针是:"本报为读者而办,我们只求符合大众的喜好与愿望。"《洛杉矶时报》的编辑方针是:"要站得牢、站得坚定,站在应站的地方,站在真理一边。"《华盛顿邮报》的编辑方针是:"我们努力让太太小姐读,也让她们的女仆读。"

(二)电视新闻的编辑方针

在新闻媒介中,电视新闻具有时效快、覆盖面广、信息量大、音像俱全等特点,其社会影响随着传播技术的进步而日益扩大。因此,电视新闻是重要的宣传媒介,编辑方针往往反映各国政府、政党、集团的方针政策和立场观点。我国的电视新闻,要为建设具有中国特色的社会主义事业服务,为全中国人民服务,促进物质文明和精神文明建设,提供国内外的各种信息。面向国外的电视新闻,要实事求是地向各国观众介绍中国的情况,阐述中国政府的各项政策和主张,增进各国人民对我国的了解,准确而鲜明地树立社会主义中国的形象,为全世界人民服务。同时,电视新闻存在对内与对外以及多品种、多语言节目在对象、性能、内容等方面的不同,因此,编辑方针又各有差异。比如,中央电视台的编辑方针为"国家责任、全球视野、人文情怀",既体现了党对新闻媒体的要求,也体现了国家级电视台的风范和担当。

(三)网络新闻的编辑方针

近年来,网络以其传播的空前时效性、信息的海量性、高度的互动性及全球化和个性化等特点迅速兴起,大量新闻网站、门户网站崛起。我国最具代表性的四大商业网站新浪、搜狐、网易、腾讯都建立了自己的新闻频道,并根据自己独特的风格和定位,制定了具体的编辑方针。

新浪网新闻频道的编辑方针为"快速、全面、准确、客观",同时在新闻的处理过程中形成了"平民化"原则,同时对编辑方针的各项内容进行了细化。

搜狐网的编辑理念是"通过有震撼力的新闻,表达我们的人文关怀精神和社会责任感",同时,搜狐还将新闻的目标人群定义为"都市劳动力人群"。其特征是不同阶层、不同收入的读者,他们有着相同的价值取向,比较关心世界的变化,并希望提高自己的兴趣来适应这个环境。

三、编辑方针的内容

一般来说，编辑方针应包括以下几方面的内容。

（一）受众对象的设定

设定目标受众是制定编辑方针的首要任务。所谓受众，简而言之就是指信息传播的接受者，包括报刊和书籍的读者、广播的听众、电影电视的观众。第四媒体网络的兴起，使得受众的范围越来越广泛。媒介的受众定位是根据媒介生存环境中各项因素的变化，以及媒介自身因素的变化决定的。新媒体时代的受众与传统媒体的受众相比，他们按照自己的兴趣更加主动地去寻求各种信息，以满足自己积极参与传播活动的需要，发表自己的观点，履行自我监督的权利。

任何媒体都要设定自己的目标受众，这是编辑方针制定的前提。目标受众是编辑希望成为该媒体受众的人群，而媒体的受众群往往是复杂多元的，如《青年报》的读者总体上是青年，但从结构上看，它又是不同年龄、不同职业、不同地区、不同性别的年轻人组成的一个群体。编辑方针不仅要确定目标受众的总体范围，还要进一步确定受众群体的主体类型。

受众是编辑方针中最重要的内容，它对其他几项内容会产生制约作用，比如《北京青年报》历史上有三种不同的读者定位：20世纪50年代至60年代的读者主要定位于团的干部和团员，20世纪80年代前期主要定位于中学生，20世纪80年代后期至今定位于广大青年。不同的读者定位决定了这家报纸在各个时期的传播内容不同，风格特色也不同。

（二）报道内容的设定

报道内容包括报道对象的分布有多广、报道的领域有多宽、报道的区域有多大等，新闻传播的内容是由媒体的性质、宗旨和受众的需求决定的。编辑方针对媒体传播内容的规定，将直接指导媒体总体规模和内部结构的设计。报道内容的设定还体现在报道角度的选择上，媒体依据其媒体方针、宗旨和受众群来设定报道角度，例如，对同一件事情的报道，有的媒体侧重于客观事实的报道，而有的媒体则侧重于"新闻背后的新闻"。

（三）媒体水准的设定

媒体水准是指其思想水平、文化水平和专业水平所达到的高度，通过媒体传播内容的深度、广度以及语言文字、版面设计等多方面因素综合表现出来的整体水平。如面向普通市民的都市报，传播内容侧重社会生活领域，报道讲求通俗易懂、平易近人；面向知识分子的媒体，因其受众群体的思想水平、文化水平和专业技术水平较高，报道应该要达到一定的广度和深度；某些专业性较强的报纸，则要体现较高的专业要求。

（四）风格特色的设定

媒体的风格特色是媒体内容所表现出的格调和特点。它体现在新闻的时效、写作的风格、报道的内容、版式版面的设计几个方面。媒体的风格有多种类型，如庄重严肃、活泼幽默、含蓄、理性等，不同的媒体有其不同的风格，满足不同受众的需求，如《人民日报》、新华网、中央电视台等媒体就表现出权威性、指导性、理论性等风格特征。

四、编辑方针的制定原则

制定比较完善、准确、新颖而又可行的编辑方针是一个综合的、复杂的系统工程。需要动员方方面面的力量，不但要征求编辑部内部上上下下的意见，还要走出编辑部广泛征求社会上各方面的意见。只有做到内外结合，才能拟定出完美的、切实可行的编辑方针。不同的报纸、期刊、电视台、网站以及各出版社都会根据自身的性质、任务、作用、目的、读者对象、发行范围等制定自己的编辑方针。编辑方针的制定需要符合以下三个原则。

（一）符合媒体的宗旨

一切媒体都有一个基本的工作纲领，它是对媒体工作的指导思想、性质和新闻传播立场、原则等的明确规定，或是对媒体的特色和努力方向的概括，这就是媒体的宗旨，如报纸的办报宗旨、电视台的办台宗旨等。媒体的宗旨一般在创刊或者办台之时就已确定，有的在中途重大改革时重新确定。每一个媒体所确定的宗旨是不一样的。有的宣传文化，旨在提高国民素质；有的则消闲，旨在提供娱乐；有的主要在于提供新闻信息。媒体宗旨的确立也不应高言大志，一定要充分考虑所属媒体的性质、功能以及编辑部的人力、物力乃至整个社会的客观形势后才能确定。

将媒体的宗旨具体落实到编辑工作中去，进一步规定编辑工作中的传播对象、工作目标和操作方法等。换句话说，编辑方针就是媒介宗旨的外化形象和运行方式，所以编辑方针制定的一个重要依据就是该媒体开办的宗旨。

（二）服务受众原则

新闻媒介在新闻传播领域，都有其特定的服务对象，这就是受众定位。受众定位是指媒体机构或组织对自身的服务对象加以明确限定，是媒体的目标接受人群。受众定位宽窄不限，但首先必须明确受众的年龄层次、文化水平、经济状况、欣赏品位、群体倾向等。明确受众定位，是媒体受众本位思想的体现。

有不同的受众定位，就应有不同的编辑方针。一家媒体机构要想长久地生存下去就必须了解受众的兴趣爱好和需求，要对他们的年龄、性别、教育、知识水平、经济状况、文化背景等进行认真的了解。所以在制定编辑方针的过程中，要充分考虑受众群体的兴趣、爱好和需求，切实、准确地为所属受众服务。

（三）准确性原则

对于一个媒体来说，必须制定一个总的编辑方针，这是媒介运行的行为准则。这一准则就规定了新闻编辑的行为规则，同时也规定了非新闻编辑行为，所以编辑方针的制定一方面要考虑作为新闻编辑与其他类型稿件编辑的区别，另一方面还要考虑本媒体区别于其他媒体的风格特色。进入新媒体时代后，传统媒体与新媒体之间竞争更加激烈，要想在激烈的竞争中生存下来，媒体必须准确地制定出有特色的编辑方针，指导编辑人员工作，编辑出满足受众需求的新闻产品。

第二节　媒介定位

媒介定位是从市场营销学中的市场定位理论借鉴而来的。对于媒介来说，其定位即在研究目标市场竞争环境、目标受众需求之基础上，根据媒介自身的特点与资源条件，确立媒介的经营目标。换句话说，媒介要能够深刻理解并且向受众描述自身的媒介特性，使其接受并且认同，最终确立媒介在市场中的地位并且保持住。

一、新闻媒介的定位内容

新闻媒介的整体定位，是新闻策划的大前提。具体从事媒介定位的主要是中高层新闻编辑。它就像是一面旗帜，指出了媒介发展的大方向。因此有必要在此作简单介绍。

新闻媒介的定位，借鉴了市场营销学中的"市场定位"理论，是指根据受众对媒介产品的需求和重视程度，给予媒介产品一定的市场定位，使其以一种特色满足消费者的某种需求，并成为媒体抢占媒介市场，形成媒介风格的一种策略。媒介定位意味着传播的目标化，即媒介要在传播活动中为自己找到适当的位置，以使媒介的传播效果、经济效益等达到最佳。

总的来说，媒介定位包括受众定位、功能定位、市场定位和风格定位四个方面，即媒介的服务对象是谁，媒介为这些服务对象提供什么，媒介生存的空间有多大以及媒介的风格是什么。

（一）受众定位

受众是大众传播信息接受者的总称，又称受传人、阅听人。在新闻信息传播活动中，受众习惯上泛指报刊的读者、广播的听众、电视的观众和互联网新闻的点击者。受众定位，就是基于对媒介市场的分析，确定新闻媒介的目标受众。这是媒介实现市场占位的基础。随着经济发展和科学技术水平的提高，媒介发展的速度极快，大众传播已经进入"大众"变为"分众"，"广播"变为"窄播"的转型时期。我国新闻界素有求大求全的情结，但是在新时期下，一家媒体要做到全面领先，把受众"一网打尽"，几乎是不可能的。每一家媒介都必须对自己的目标受众有所取舍，确定最适合自己的受众群体。盲目跟风、没有特定的指向，无论在市场中还是在竞争中，往往都会显得很被动。以报业竞争为例，在各地综合性市民报纸的竞争如火如荼的同时，一些以特定读者为对象领域的报纸却发展得如日中天。如以球迷为主要受众的《体坛周报》，以电脑爱好者为主要目标受众的《电脑报》，等等。

媒介的受众定位，实际上就是要不断发现哪些信息需求尚未得到充分满足，从而能为某种媒介产品创造出市场的受众群体，以便针对这种需求进行产品决策。据西方经济学理论，这其中包含三种因素：人口、购买力、购买意愿。此外，由于媒介"双重出售"的特点使媒介的受众定位还与媒介的广告利益挂钩。媒介受众的分布区域及区域内广告所触及的人数，即广告的"覆盖率""触及率"是广告商考察媒介的重要指标；同时，受众的群体成分、层次和接受状况，也影响到广告的目标受众与媒介的传播对象是否一致。因此，合理的受众定位决定了新闻媒介产品的生产是否能实现良性循环。

确定媒介的受众定位之前，首先要对受众进行细分，而对受众细分时，需要考虑以下几方面。

第一，媒介投放环境，包括地理区域、城市规模、交通运输条件、通信条件等，这一点对于地区性媒介或是全国性媒介的地方版都很有意义。

第二，媒介覆盖区域的人口状况，包括人口数量、人口密度、年龄结构、性别比例、收入状况、职业结构、文化程度、家庭大小、社会阶层等。

第三，受众研究，包括受众的生活方式、价值观念、兴趣爱好、利益诉求等。

第四，受众的媒体接触行为，包括对报纸的购买频率和阅读习惯、广播电视的试听选择和试听习惯、网络媒体的使用状况以及对媒体的信任度等。

尽管目前的传媒市场竞争相当激烈，但是如果真正从受众需要出发，细分受众，确定独特的受众定位，那么媒介的市场空间还是很大而且极具诱惑力的。新闻媒介应该做到有针对性地对目标受众进行传播，最大化地吸引目标受众注意力，产生稳定的受众群体。只有这样，新闻媒体才有长期发展下去的源泉和推动力，才能在激烈的市场竞争中最终站稳脚跟。受众定位是媒介定位的基础，是否找准新闻媒体的受众定位，关系是否能实现有的放矢的传播，关系传播的效果是否能达到预期目标，关系媒体其他定位的确定方向。

（二）功能定位

功能定位，指确定新闻媒介所要担负的职能和所要发挥的作用，是基于受众需求和传播目的对媒介产品的决策。功能定位主要取决于受众需求和媒介主办者的主观愿望。首先，面向同一地区受众群体的媒介可以有不同的功能定位，比如在同一个城市发行的报纸，机关报主要满足党政机关干部对国内外大事、党的方针政策以及各相关行业的最新变动等信息需求，而晚报、都市报及一些专门为市民提供某类实用信息的生活服务类报纸，如购物导报、广播电视报等的主要功能是为城市居民提供最广泛的信息服务。其次，以媒介主办者的主观愿望为基础，即媒介主办者投资办媒介的目的何在，也决定了媒介的功能定位。比如党政机关投资办机关报，主要目的是宣传党的方针政策、指导实际工作，这一目的就决定了机关报的功能定位。省级机关报社投资办都市报，主要目的不是再办一份宣传方针政策的机关报，而是为了在当地的报业市场竞争中占据优势，为报业发展创造雄厚的经济基础，这一目的就决定了都市报的主要功能是为城市居民提供最广泛的信息服务，以此获得较大的发行量和广告资源，最终获取良好的经济效益。

媒介功能定位是在受众定位的基础上，考察受众的信息需求，结合媒介主办者对媒介的角色期待而确定的，它最终是受众的客观需求与媒介主办者的主观愿望相结合的产物。而媒介的受众定位则需要借助于媒介的功能定位才能对媒介产品的设计与生产最终具有指导意义，因为受众定位只是决定了媒介为谁而办，功能定位才能决定媒介给受众什么。在对媒介的受众定位和功能定位所进行的分析研究中，应主要包括以下内容。

第一，媒介受众的数量和购买能力。这是确定目标受众的首要条件，如果受众的数量难以达到某种规模，或受众不具备相应的购买能力，那么，媒介产品的出售就难以形成规模，自然影响到媒介的社会效益和经济效益。其中关键是要确定最适合自己的受众群体，有一定的购买力，又有一定的人数规模。

第二，媒介受众的信息需求获得满意度。新闻媒体不同，担负的任务不同，面向的受众族群不同，其侧重的报道内容和形式也会不同。但尽可能满足自己所面对的受众群的多样需求是应该的和必须的。细致分析市场上客观存在的还未被意识到的需求，或已被意识到、但现有媒介还不能完全满足的需求，会发现更多的市场机会。拿我国的党报来说，就要满足阅读党报的读者对党报的多样需求，借此吸引更多的人来阅读党报。党报要强调党性原则，要强调指导性作用，但这种指导性作用与为受众服务、满足受众需要的群众性原则是一致的。不能简单地理解为由上而下的灌输，而应当将思想性、指导性寓于贴近性、趣味性、知识性之中。既要体现党报的品位，又要考虑读者的"口味"。

第三，媒介目标市场的占据情况。对目标市场的关注，实际上是对市场开发潜力和市场竞争程度的预测，即新闻媒介发展前景和发展潜力的预测。如果目标市场尚未有人发现，或很少人涉足，那么，这个市场的发展空间还是可观的，并且不存在竞争者控制市场的情况。

第四，媒介内部和外部各种因素的变化。时刻关注社会、政治、经济、文化等外部因素的发展变化，一方面不至于发生冲突，另一方面还有可能会带来更多的有利条件。新闻作为社会内容的重要部分，面对的是广大受众，既是适时的、社会性的，也是政治性的。社会上任何的变化，都会影响到新闻媒介的编辑方针、报道内容、报道方式等。

第五，成本投入与效益产出的比率预测。新闻媒介产业的每一次运作，都需要投入巨大的资本，因此，在对媒介进行定位时，成本与效益的预测和分析，是非常必要的。

（三）市场定位

当今新闻传媒业竞争愈演愈烈，新闻媒介相互之间的竞争成为影响媒介生存的又一重要因素。在确定了媒体的目标受众和功能定位之后，如何让自己在众多的竞争媒体中脱颖而出？让自己的声音顺利传达到受众的耳朵？如何在媒介市场中占有竞争优势？这都需要媒介找准自己的市场定位。

媒介的市场定位，是指媒介经营者在发现一定的市场机会，并对新闻传媒市场作出充分的调研和分析后，确定目标市场的决策策略。对于任何特定的新闻媒介来说，其竞争者总是多元化的，而市场定位就是要寻找竞争对手的薄弱环节，发现市场空白点，从而选择正确的发展战略。同时要注意，对媒体进行市场定位的前提是其目标市场仍然存在需求空间，市场竞争尚未恶化。市场定位就像在夹缝中找位置、定目标，从而有针对性地进行传播。《环球时报》的成功，也首先来自市场定位。虽然与国内新闻相比，国际新闻的市场需求小得多，但《环球时报》创刊时，国内关于国际新闻报道的报纸基本没有。只有一个国外媒体内容的译介《参考消息》,《环球时报》的创办无疑是闯入了一个接近空白的市场。在这个细分的市场上占据了领先地位,为其成功奠定了坚实的基础和可能。另一份报纸《中国民航报》原本作为一张行业的机关报,市场面较窄。而该报的策划人意识到,如果不改变这种局面,不可能在市场经济大潮中占有一席之地。于是他们连续两次增刊扩版,将该报从功能单一的民航机关报变成了一份身兼机关报与机关读物双重功能的报纸。由于获得了广阔的市场空间,发行量迅速扩大,取得了可观的经济效益。要找准新闻媒介的市场定位,关键在于要有市场竞争意识,要对市场需求进行认真仔细的研究,切忌盲目浮躁和对市场的调查不深入。

值得注意的是,市场经济条件下的新闻媒体,面对的是激烈的市场竞争。在新闻的策划工作中,除了考虑一贯强调的社会效益之外,也更多地重视媒介运作的经济效益。而要想在竞争中脱颖而出,成为竞争的胜利者,找准其市场定位是一个不可忽视的环节。成功的市场定位往往成为制胜的法宝。

(四) 风格定位

媒介的风格定位,是媒介为适应市场要求,满足目标受众需要,而在媒介产品的传播内容、传播方式、传播技巧等方面表现出与众不同的外部形象。媒介的风格定位是媒介定位的内在因素,要想稳固持久地获得受众的注意力,树立稳固的媒介风格,还必须强化媒介的必读性。媒介的可读性是媒介传播内容与受众需求之间的满足程度。随着市场化程度的提高及受众媒介接触行为的成熟,受众越来越不仅仅满足于媒介内容的可读性,而更看重媒介是否真的给人提供有价值的信息,也就是媒介是否具有必读性。当媒介内容由可读上升到必读时,受众便会对其形成强烈的信赖感和依赖感,从而在媒介当中产生不可替代性。

综观国内外成功的媒体,都有自己鲜明而独特的风格定位。创刊于1789年的英国《泰晤士报》,200年来一贯保持高雅严肃的风格,历经西方报业娱乐化的冲击,仍然保持了强有力的竞争力,发行量年年上升,成为英国上层人士和知识界的首选报纸。在国内,《环球时报》以观点严肃、选题严谨和亲和大众为追求的目标和风格以及对国际时事的深度报道,集鲜明的国际立场、生活化、知识性、趣味性、可读性于一体,吸引了大批对国际新闻感兴趣的受众。每当国际上发生大事时,人们最先想到的就是《环球时报》。反观一些综合性都市报纸,其大多数读者定位都基本相同,在版面设置和内容上也大同小异,很难在同类报纸中树立自己独特的风格。新闻媒体的风格定位,能使其在受众心中形成不可替代性,从而拥有自己稳定的读者群,拥有长期的市场空间。

同时，在确定媒体风格定位的时候要注意以受众定位、功能定位和市场地位为依据。媒体风格不能脱离媒体面对的受众和市场，而要与其相适应。而且新闻媒体的风格一旦确定，就不应随意变动，而要尽量一直保持下去，这样才能对目标受众形成长久的吸引力，从而拥有自己稳定的读者群，赢得更大更长期的市场空间。

二、影响媒介定位的因素

媒体的可持续发展需要各种内外部资源的支撑，而恰当良好的定位则是获得后续资源支撑的重要前提。因此，媒体的定位应该基于科学的调查研究来理性决策，是对媒介生存发展环境认知、媒介自身竞争条件和目标受众需求综合把握的结果。

影响媒介定位的因素有很多，而且不同时期各因素影响力的大小和影响方式也有差异，我们重点剖析以下几个方面。

（一）区域经济社会发展状况及需求重点

媒体生存发展的主要资源补偿方式是"二元售卖"——第一重卖内容，第二重把内容所凝聚起来的受众注意力资源售卖给广告商。伴随媒介形态的衍变，广告形式不断多样化，从简单的版面、时段广告形态衍变为今天各种植入式、富媒体广告多元并存的局面，但总体而言，一个地区媒体成长的可能空间与该地区的经济社会发展水平、发展速度和发展重心息息相关。地区经济出现新的发展热点，必然催生出相应的信息需求和广告投放需求，从而带动满足这些需求的细分媒体的成长。

（二）区域人群结构和细分受众需求状况

首先要对一个区域目标市场的城市规模、人口数量、人口密度、年龄结构、性别比例、收入状况、职业结构、文化程度、家庭大小、社会阶层等有通盘了解，因为这一指标对媒介覆盖区域中可能达到的"触及率"具有预测价值；其次包括该地区人群的生活方式、价值观念、利益追求等，这一指标对媒介的功能定位具有直接参考作用；再次是该地区受众的媒介接触偏好与接触习惯，包括报纸购买和阅读习惯、频率，广播电视的视听时间、频率，对媒介的信任度等。随着移动互联网的普及，媒介用户的接触习惯逐渐向移动端迁移，借助数据跟踪和挖掘技术，关于用户使用习惯和需求的偏好可以被更为精准地把握。

在上述区域人群总体情况调研的基础上可以进行受众细分，受众细分可以采用几种常用方法，包括以下几点。

1. 单一变数细分法

根据影响受众需求的某一种因素为标准进行受众细分。比如根据受众的年龄划分成不同的年龄段，不同年龄段的受众需求有相对的一致性，这就为面向不同年龄段受众的媒介创造了存在的基础。

2. 综合变数细分法

根据影响受众需求的两种或两种以上的因素为标准进行受众细分。这是一种最常用的方法，因为对于媒介产品来说，影响其需求的往往不止一项因素。

3. 系列变数细分法

根据影响受众需求的层次系列，逐步逐层地进行受众细分。这对于综合性、全国性的媒介尤其适用。

4. 市场环境指数细分法

采用预先选定的某些指标来反映市场的整体环境，然后根据媒介自身的特点，选择将要进入的细分市场。媒介可以根据自身的条件选择适合进入的市场，为该市场中的受众服务。这种方法对于媒介进行资本运作时选择新的媒介进行投资很有参考价值。

在进行受众细分时，还要重点考虑两方面因素，一个是细分受众的数量和购买能力。这是确定目标受众的首要条件。因为如果细分受众的数量达不到一定规模，或者细分受众的总体购买能力有限，媒介产品的出售就难以形成规模，这将影响媒介的社会效益和经济效益。第二是细分受众的信息需求获得满意的度。媒介定位应以细分受众需求全部或部分尚未得到满足为前提。

（三）媒介控制者

传播制度作为社会制度的反应，其内容是十分复杂的，它体现了社会制度或制度性因素在各个方面对传播媒介活动的制约和影响。传播制度中既包括媒介与政府的关系，也包括媒介与社会群体以及广大受众的关系问题；既包括言论出版的自由与权利问题，也包括言论出版者所应承担的责任和义务问题。一句话，传播制度体现了全部社会结构和社会关系的复杂性。

影响媒介定位的媒介控制者包括几个方面：国家和政府的政治控制，各种利益群体和经济势力对传播媒介的控制，以及广大受众的社会监督控制。

媒体与政府的关系主要涉及新闻自由的限度和政府管制的边界问题，有鉴于媒体的公共属性和媒体传播的社会责任，不管东方还是西方国家，对媒体或多或少实施一定的控制都是稳定社会的必需，但在控制的理念、依据的标准和操作的手法上存在较大差异。媒体成为制约政府权力、维护社会多元存在的一种重要力量。

与此同时，政府也规定，新闻自由也不能危害国家秩序和利益，干涉司法公正，侵害公民私权。一旦新闻自由越过了这些底线，国家权力就会介入进来，对媒体进行管制和规范。虽然媒体无不标榜自己的公正客观，但它事实上会受到各种利益背景和价值取向的影响，从而造成对事实的扭曲。那些带有倾向性的新闻报道，不仅会侵害公民的名誉权和隐私权等权利，也会对司法审判造成影响，影响判决的公正性。

除此之外，各种企业、社会组织包括财团也会出于自身利益需求通过各种手段操纵和利用媒体，例如投资入股一些重要媒体称为股东，或者用金钱收买媒体从业人员进行有目的的新闻策划或者有偿新闻等，这些做法既违反了新闻职业伦理，也损害了媒体的社会公信力。媒体在定位之初就必须充分考虑到未来基于自身定位可能面对的潜在控制主体、控制因素和控制手段，避免不当定位可能带来的政治或其他法律风险。

(四) 广告客户

虽然近年来受基于多元盈利模式的新媒体冲击，目前传统媒体出现广告收入大幅下滑的现象，但另一个值得瞩目的现象是网络广告市场规模不断飙升。绝大多数媒体的生存发展依然离不开广告的支撑。相比于其他产业，传媒组织在产品供给方面的一个重要特点就是同时面对双重客户群体——目标受众群和目标广告客户群。媒体首先要提供优良的产品吸引目标受众群体的关注，然后才能把所吸引的稀缺注意力资源售卖给广告客户。可以说，目标受众定位、内容定位与其吸引广告客户群体的能力息息相关。媒体不仅在定位之初就要充分考虑自身内容所吸纳的受众注意力资源对各种类型广告主的价值大小，而且还要考虑基于自身定位的内容持续生产与其所希望重点吸引的广告投放之间的匹配程度。衡量内容与广告投放内在匹配程度的一个重要指标就是"有效投放度"，即特定广告产品所面对的目标消费群体与特定媒体内容所吸引的目标受众人群之比。因此，衡量媒体核心竞争力的指标并不仅仅是其在目标受众市场"圈地"的规模、半径和尺度，还包括其通过内容传播所能吸引到的广告主类型、广告投放规模和投放频度。

(五) 传播渠道

任何媒体的内容传播和影响力打造都必须依赖特定的传播渠道，而不同的传播载体具有不同的介质属性特征，总是更适合特定类型内容的传播。因此，传播渠道对内容类型会产生逆向过滤和选择作用。尤其在新媒体勃兴的时代，新兴传播渠道层出不穷，面向社会公众的注意力争夺战日益白热化,因此必须在定位上把握载体特质,通过精准定位来吸引目标受众。同时,由于媒体面对的是受众和广告商双重市场,在定位时也必须考虑传播渠道对广告资源开发的影响。

(六) 市场竞争

在竞争环境下确定媒体发展策略和应对策略,一方面要研究自己,确定自己的优势和劣势,更要研究市场中的竞争力量,明确自己有哪些对手,他们的市场规模有多大,他们的优势和劣势,他们对市场的控制能力如何,等等。在知己知彼的基础上,确定自己在市场中的占位,从而制定有效的竞争策略与战术。

判断市场结构类型,经济学上一般分为四种模式:完全竞争市场、垄断性竞争市场、寡头垄断市场、完全垄断市场。

完全竞争型媒介市场结构的主要特征包括:媒体众多,而且媒体之间的产品完全没有差别,提供同质的标准化产品;任何一家媒体增加或减少产量都不会影响到价格,市场中的媒体只是价格的接受者,而不是价格的决定者;不存在垄断,竞争程度最高的市场;企业能自由进入退出市场。

完全垄断型媒介市场结构特征包括:存在唯一的生产者,完全控制媒介产业或市场,它是价格的决定者,进入的门槛高,不允许自由进入。

寡头垄断型媒介市场结构特征包括:媒体数目不多,只有几家媒体为市场提供产品,因而具有某种程度的竞争;由于媒体数目较少,媒体之间相互影响,任何一家媒体产品价格和产量的变化都会影响到市场上其他媒体的销售量与利润,因此,任何一家媒体在作出决策时,要考虑到其竞争对手的反应。

垄断竞争型媒介市场结构特征包括:市场中有许多的竞争者,但还没多到足以实现完全竞争的程度;这类市场与完全竞争市场不同的是,垄断竞争中的生产者生产有差别的产品。

思考与练习

1. 编辑方针的定义和内容。
2. 媒介定位包括哪些方面?
3. 编辑方针制定的原则是什么?
4. 媒介定位跟哪些因素有关?

第三章　新闻稿件的编辑程序

学习目标

1. 了解新闻稿件的来源、组稿的方式和意义。
2. 了解新闻稿件选择的依据。
3. 掌握新闻稿件修改的方法和配置的原则。

第一节　新闻稿件的组织

一、媒体稿件的来源

一般情况下，新闻媒体稿件来自通讯社、本媒体记者、通讯员、特约撰稿、转载稿件、受众投稿、政府或政党及特定社会团体的文稿七大方面。其中，政府或政党的文稿被认为是权威消息来源，某些特定社会团体发布的信息也被认为是权威消息来源，这源于发布信息的机构的权威性，如气象台站是发布气象信息的权威机构，人民法院是司法审判的权威机关。但应注意的是，这类稿件绝大多数在形式上不符合新闻的要求，内容上有很多冗余，需要新闻编辑按照新闻稿件的内容要求和文体要求进行修改。

二、组稿的方式和意义

组稿也叫约稿，是新闻编辑部门专门约请特定作者撰写特定内容稿件的工作。编辑根据报道计划和最新新闻线索，向各种对象约稿，这是其日常工作。而每当重大事件发生，编辑部的第一个反应就是调动记者或通讯员赶赴现场，或立刻通知驻地记者采访，向他们布置采访任务，和他们保持联系，依靠他们提供主要稿件，这就是一种组稿。这种组稿是经常的，随时随地进行的。

在新闻竞争日益激烈、新闻资源基本共享的时代，编辑不应该是被动"等米下锅"的"来料加工者"、一枝一叶的"修剪匠"、一砖一瓦的"填料工"，而应该是整合所有新闻资源的足智多谋的"指挥官"，是围绕新闻事件把编者、记者、读者互动起来的策划人，要能够主动出击，根据策划方案，向前方"下订单购买"特定的新闻产品。

组稿是编辑策划的延续，是实施策划的开端。同时，无论是常规新闻报道还是突发新闻事件，总有些新闻现场是记者难以抵达的，而那些特殊的新闻当事人或亲历者，却往往掌握了大量第一手新闻素材，向他们中具备新闻素养者约稿，是弥补新闻遗漏，甚至是形成独家新闻的重要方式。

征稿是通过媒体刊发征文启事等，向受众表明所需稿件的选题、类型、写作要求，公开向社会征求稿件的方式。这种组稿方式下，作者的灵活性较大，可以发挥其所长，易于表达真实的情感与愿望。

组稿工作是新闻编辑的基础工作，意义重大。首先，组稿工作是提高报道质量、顺利完成报道计划的重要保证；其次，组稿工作是形成报纸独特风格的重要举措；最后，组稿是编辑创造力的体现。新闻编辑部在分析新闻时间、社会热点的意义、特点，形成了报道思路后，才能有效地进行组稿。质量好的、有震撼力的新闻稿件的形成，无不凝结着编辑幕后不为人知的心血，而一个新闻编辑是否称职，是否优秀，组稿水平是一个重要判断标准。

三、组稿的方法

（一）选题

编辑根据报道计划拟定的题目，就叫选题。选题是编辑进行组稿活动的根据。编辑确定选题时应该紧紧围绕编辑方针，考虑媒介特色和受众定位及时捕捉最具新闻价值的话题。选题是编辑构思的具体化，解决的是"写什么"的问题，包括拟定题目，设定写作题材、篇幅、刊发时间、编排方式及写作方法等。好的选题应在前瞻性和深刻性、创新性上下功夫。

前瞻性就是编辑根据新闻事件的发展，对下一步关注焦点的提前部署，而不是仅仅局限于跟踪报道。譬如，每年全国两会召开之前，大型报纸都会做系列的两会前瞻报道，对热点事件进行盘点、专家解读政策走向、预测各项经济数据等。

深刻性是指在关注事件表面现象的基础上，及时分析和总结，把报道引人深刻。新华社2016年的系列组稿《面对毒跑道，我们情绪不稳定——新华社五问"毒跑道"》，即是一组优秀的组稿，发现问题，深入报道背后的成因，并最终促成问题的解决。

创新性在很大程度上取决于报道角度和报道方式上的选择，习惯上的报道角度容易使报道平庸，而选择特别的角度更容易让读者普遍关注。在"写什么""怎么写"两个问题上，编辑要特别谨慎。

（二）选人

确定了"写什么""怎么写"，下一步就是"谁来写"了。这是关系组稿工作成败的中心环节，因为如果仅有创造性的选题，而没有真才实学的作者来付诸文字，编辑选题的前期准备工作就可能功亏一篑。

编辑应对记者和其他特定的专业人员比较熟悉，并且与其有长期和稳定的合作，对其专长、特点也比较有把握，这样才能顺利组稿。而对于征稿来说，由于其面向社会大众，编辑不可能全面了解征稿对象，这就需要费一番脑筋。

首先，让作者了解征稿的目的、意图、依据和要解决的问题。

其次，可以把事例和样稿提供给作者，这样不仅能让作者了解版面或栏目的特色、个性和风格，还会对这次的征稿有更清晰的认识。

在选人的问题上，我们应坚持"不薄新人，不厚名人"的态度。一般来说，知名人士的稿件往往比不知名作者的稿件容易被选中，这样可以一定程度保证稿件的质量，扩大报纸的影响。但也切不可因此迷信名人，忽视新人，因为大多数新作者写作态度认真，也常以独特的视角、虎虎生气的新姿态进行创作，给版面和栏目注入新的血液，带来一股清新文风。

一个优秀的新闻编辑，应该组建一支自己的作者队伍，要广交朋友，善交朋友，同时还要熟悉这支队伍，了解作者情况、专业特长、兴趣爱好，甚至他们的社会交往、人际脉络，只有这样，才能在需要的时候能够做到召之即来，来之能战。

（三）协调

组稿工作是双向的、互动的。特别是向外部的专家学者、专业权威人士约稿，编辑需要定期甚至于随时和作者联系，了解写作的进度和情况，协助作者解决各种问题，而作者在写作中也将不断反馈意见，对选题或具体的实践提供合理的意见。这是一个双向交流的过程，解决的是"怎样写"的问题。

四、组稿工作的注意事项

（一）尊重作者

在组稿过程中，编辑应尊重作者的时间和精力，不要一味地催稿；还应该尊重作者的劳动，有不同意见时，虽不能一味迁就，但也不要擅自修改，要有商有量，求得一致；对于约来的稿件，必须做到件件有交代，有时候由于情况的变化等各种原因，本栏目无法采用，可以推荐给其他栏目或其他报社，尽可能避免"退稿又退人"，挫伤作者的积极性。

（二）及时合理地支付作者稿酬

稿酬是肯定、回报和鼓励作者劳动的一个重要手段，编辑不要忘记劳有所得的原则，要及时合理地支付作者稿酬。

（三）树立独家意识，注意保守保密

虽然媒体获得独家新闻的机会越来越少，但并非不可能。作为一名新闻编辑，应该牢牢树立独家意识，不能遗漏任何可能"捕获"的独家新闻。但是，独家新闻也存在着事实风险和新闻伦理风险，为此，新闻编辑应该注意以下事项。

第一，独家新闻实施"双层上报"制度，即相关记者要将独家新闻来源及详细情况向编辑和部门主管报告，再向上级汇报。

第二，独家新闻须从两个不同的渠道进行双重查证，保证新闻事实准确。

第三，编辑有责任让约稿者知道：采写涉及法律问题和揭弊批评的新闻报道，必须从不同利益方采信求证，包括对被批评者做采访，以避免被一方利益绑架，致使报道立场偏颇；必要时，应有正面采访求证环节，表明记者身份，以提醒被采访者要对所言所为负责；对于比较敏感的内容，应尽量做好录音、笔记和摄影，并保留一段时间。

第四，编辑对独家新闻稿件所涉及的事实要进行复核，发送给总编辑时必须提出处理意见。

第五，内容重要、敏感的独家新闻稿件，部门编辑审阅后，须交总编辑审定。

第六，为保护消息来源及作者，编辑给作者署名时用笔名或不署名，文章的作者身份亦不得向外界透露。

第二节 新闻稿件的选择

一、选稿及其意义

新闻编辑部每天都要涌进大量的来自各个渠道的稿件，选稿就是从中选择可供传播的稿

件。虽然后续工作中，在稿件的修改、配置等环节，仍会涉及重新选择的问题，但是大量的筛选工作是在选稿环节完成的。因此，选择稿件的工作有着非同寻常的意义。

选稿是维持媒体正常运转的需要。现在各家媒体的稿件都是供过于求的，解决的办法就是要加以选择，没有选择，新闻媒体就不可能正常运转。

选稿是贯彻编辑方针的重要环节。编辑方针是编辑工作必须遵循的准则，选稿环节就是贯彻编辑方针的第一环。符合编辑方针的就选用，不符合的就舍弃。来到编辑部的稿件，就其反映的事实或思想而言，有些是与媒介的政治方向、编辑方针相符合的，有些却不尽然，有些甚至背道而驰。因此，为了保证编辑方针的实现，编辑人员必须在新闻的选择上把好关。

选稿是形成媒介风格的基础。不同的新闻媒介由于功能定位和受众定位的不同，形成了各自不同的特点。这些特点在新闻报道中能否彰显，关键就在于稿件的选择。每家媒体特色各不相同，为了体现媒介的特点，必须对新闻稿件有所选择，而媒介的特色很大程度上也取决于新闻的选择。

选稿也是提升媒介报道水准的基本保证。每天汇集到编辑部的稿件，数量众多，质量良莠不齐。编辑选稿时，首先要保证质量，有所保留，有所舍弃，做到优中选优，这样才能保证新闻产品的品质，提高媒介在受众中的公信力和美誉度。

二、选稿的程序

新闻稿件的选择并不是一次完成的，而是一个不断筛选的动态过程。一般要经过初选、复选和定选三道程序。

初选也可称为"粗选"，是编辑部对新闻稿件最初的、也是比较"粗糙"的挑选。它主要在各编辑部门进行，主要操作者是各部门编辑。

复选也称为"精选"，是编辑部门对于新闻稿件的第二轮、也是比较"精致"的挑选，主要在各部室负责人处进行。复选是对初入选的稿件的再次挑选，大部分稿件经过复选就可以刊发了。

定选是对经过前两轮选择后不能确定的稿件做最后一次权衡和选择，定选的稿件通常由总编辑或编委会集体审定。

初选、复选、定选三道选稿程序是就一般情况而言的，有时在具体操作过程中并非如此简单。初选和复选阶段都可能因编辑部内部意见不一而进行反复酝酿和讨论，也就是说，有时初选和复选会反复进行多次。

三、选稿的标准

（一）新闻的标准

选择新闻稿件首先必须遵循新闻的标准。新闻有两个核心要素：一是真实，二是新鲜。为此，我们要淘汰三类"事实"。

一是虚假的"事实"。"真实是新闻的生命"，虚假新闻和新闻的真实性要求是格格不入的。编辑不仅要提防"负面"的假新闻，同时也要警惕"正面"的假新闻。

二是陈旧的事实。新闻界有句名言："新闻是时间的易碎品。"这说明新闻很容易过时。西方的新闻记者为了抢到最独家的新闻，并在第一时间报道出来，甚至经常不惜大打出手，我们当然并不提倡这种不顾一切抢新闻的做法，但我们并不反对抢新闻。新闻要新鲜及时，是新闻选择时必须遵循的一条金科玉律。

三是空话连篇的事实。新闻要求用事实说话，那些空话、套话连篇，没有什么实质性内容的事实，不但不能给受众带来什么益处，反而令人生厌。在选择新闻时，这类事实也要坚决舍弃掉。

（二）社会效果标准

新闻一经媒介向社会传播就有可能对受众的思想、行为产生影响，从而对客观世界产生巨大的能动作用。因此，在选择稿件时，应该预判报道发表后可能产生的社会效果。

预判新闻的社会效果，首先要将稿件的内容与发表时的外部环境相对照。客观现实情势、此前的舆论环境和受众心理，构成发稿时的外部环境，编辑再根据外部环境，选择发稿时机。社会效果的好坏，同发稿时机紧密相关。发稿时机不当，会使读者产生或加深不应有的误解和疑惑，给社会带来消极影响。而主动利用有利时机，充分发挥稿件所能产生的积极影响，就会带来良好的社会效果。

其次，要将稿件的内容同读者的需要相对照。读者未知的东西，未必全是读者需要的。只有读者未知而对读者又有益或有用的，才是读者所需要的。能够满足读者需要的稿件，对读者才有意义，因而才具有刊载的价值。当然，这里所谓满足读者的需要，必须是正当的、合理的需求，任何媒体绝不能迎合某些人的低级趣味和背离社会发展方向的要求。

（三）辩证的标准

新闻编辑必须懂得辩证法。任何事物都有两面性，其积极和消极的因素都要考虑到，对正反两面的效果要认真比较、权衡，要进行多方位的思考，才能确保新闻报道的客观、公正、全面。在报道负面新闻（尤其是灾难新闻）时，要考虑到不能引起受众恐慌，不能导致他们有不正确的联想。但同时我们也要提防"反面文章正面做"，即负面事实正面报道的僵化报道模式。这种报道模式，在信息较为封闭的时代，作为一种宣传策略，也许会收获预期的正面效果；但在信息时代，面对昭然若揭的负面事实，仍然坚持要借负面的事实说出正面的道理，报道效果可能就会适得其反。

（四）政策法规标准

编辑部收到的来稿中，有不少是涉及政策方面的。编辑在审稿时，要严格把关，杜绝任何违背政策的稿件被刊发。编辑应该及时了解和掌握最新政策，主动、积极和创造性地宣传党的路线、方针、政策。

稿件的内容还应符合法律的有关规定。根据我国宪法、刑法、民法及其他有关法律的规定，我国禁止刊载危害国家和社会安全方面的内容，禁止刊登侵犯公民人身权利和民主权利的内容。

（五）公序良俗标准

稿件内容还应符合社会主义社会的道德规范。对于违背规范、极力宣扬极端利己主义、拜金主义、腐朽或没落道德观念的内容，应严格加以禁止。

稿件内容要符合道德规范的另一个要求，就是必须符合新闻道德。新闻道德是从事新闻这种职业所应遵循的道德要求，它是调节新闻工作者的内部和外部关系所应遵守的行为规范。

第三节　新闻稿件的修改

对稿件的修改加工是新闻编辑最经常性的工作之一。一个编辑能力的高下，可以从其对稿件的修改情况上甄别。正是因为优秀编辑的存在，提升了人类新闻传播事业的水准。

作为新闻编辑，修改新闻稿件工作还有其自身的独特性，因为修改新闻稿件与修改一般稿件还有许多不同之处：第一，新闻稿件是以客观存在的新闻事实为报道内容的，它不同于文学作品和艺术创作，因此稿件的内容表述必须与客观事实相符合，必须能真实、准确地反映事实。第二，新闻稿件要在大众传媒上公开发表，读者广泛，社会影响力大，因此更加强调正确的舆论引导作用，也就是说，比之其他类型的作品，新闻稿件在这方面有更高的要求。第三，新闻稿件强调时效性，新闻编辑修改稿件有截稿时间的规定，必须迅速而高质量地完成任务。所以，与其他类型的稿件相比，新闻稿件的修改难度更大。

由此，对新闻稿件的修改，编辑应该主要从两方面着手：一是对新闻事实的核实和修正；二是对新闻稿件中立场观点的修正。新闻编辑通过一些具体的改稿方法的运用，依据一定的程序和步骤，完成上述两方面任务之后，加上对稿件辞章的修饰，最终使新闻稿件达到能公开发表的水平。

一、订正事实

事实的订正包括内容和表述两个方面。事实的内容错了，必然会造成报道的不真实，不准确；事实的表述不当，同样会使得事实模糊乃至扭曲。因而，新闻报道的基本要求是真实、准确、科学、清楚、统一。

（一）订正事实的要求

1. 真实

真实是指新闻报道涉及的所有内容必须确有其事，新闻报道中所涉及的事实要素必须真实，而且必须反映社会生活变化状况的本质事实并要经得起时间的检验。

事实是新闻的本源，新闻界历来将真实性奉为新闻报道的最高准则。防范新闻失实，除了加强新闻工作者的法纪法规、职业道德以及严惩等措施以外，编辑们的严格把关意义深远。

新闻编辑在选择稿件时，由于稿件数量多，工作时间紧迫，不可能对每一篇稿件的真实性进行调查核实。因此，在修改稿件时，判断新闻内容的真实与否是新闻编辑的首要任务。

新闻内容与事实不相符的情况是多种多样的，最常见的有如下几类。

一是作者虚构，报道内容是作者的主观想象，无中生有，没有任何事实依据。

二是东拼西凑，即稿件内容的各个部分也许都是从某些事实出发的，但这些事实并非如新闻报道中说的出自同一事件或同一个人，而是"头是张三的，尾巴是李四的，中间的情节是王五的"，作者把它们拼凑在一处，充作一条新闻，导致新闻违背事实真相。

三是细节夸张，即稿件中报道的事情确有其事，但其中的细节被夸大了，把一分说成十分，把偶尔为之说成经常行为，或者反过来，有意地缩小事实的严重程度，避重就轻。

四是主观孤证，即为了证明作者的某一主观思想，违背事实原貌地选取材料进行印证，造成因果关系不真实，如把多种原因说成是某一种原因，以偏概全，或对真正的原因避而不谈等。

五是道听途说，轻信假象，即对新闻现象不加分析判断地进行报道，致使假象掩盖了事实。

判断新闻稿件内容的真实与否是一项十分复杂的工作，它需要新闻编辑审慎细致地进行分析和查证核实。

2. 准确

新闻报道要做到准确地反映客观变动的现实，必须做到对报道中涉及事实成分的名称、时间、地点、数字、引语等都准确无误，否则会造成严重的后果。

新闻事实的准确表述还与时间的变动有关。媒体只能在某一时间对一件事情进行真实报道，新闻真实作为社会变动的某个片段的画面，只能是事件相对的一个静态。新闻没有普遍的真实，只有具体的真实，取之于事实某个或若干个瞬间的状态。

3. 科学

新闻报道科学要求是指涉及自然科学、社会科学的新闻事实、文字表述必须符合科学。对于生活常识解释不了的现象，必须通过科学实验才能被认为是事实。随着社会的发展，需要科学认证的事实越来越多，而且科学认证往往具有更高的权威。和一般权威认证方法相比，科学认证更依赖于科学仪器和专业人士。

4. 清楚

清楚是指对于事实的表述要让读者看得明白，不留有疑问。新闻稿件写作不清楚往往有以下几方面的原因。

第一个原因是名称过于简单。在稿件中第一次出现的地名，如果不是读者十分熟悉的，应该用全称，写清楚它所属的省区市（国际新闻还应注明国家），后面才可以用简称。比如新闻报道《美拉拢非洲提升安保合作》中导语第一句"首届美非领袖峰会昨日落幕"，这里用会议全称"首届美国和非洲领导人峰会（美非领袖峰会）"更妥。

第二个原因是缺少新闻要素，如与新闻时事相关的时间、地点、人物、原因等要素有遗漏。

第三个原因是缺少必要的背景交代，读者难以理解新闻的价值和意义。

第四个原因是缺少必要的细节交代，读者对时间发展变化的过程很难把握。

第五个原因是缺少必要的解释，特别是一些专业性较强的新闻，往往涉及一些艰深的专业知识，如果没有通俗的解释，读者很难看懂。譬如新闻稿《世界首颗量子科学实验卫星整装待发》，如果新闻全篇仅对量子卫星的物理技术做解释，却不对其实用性功能做通俗阐释，那就不是新闻报道，而是相关部门的内部简报了。

5. 统一

统一有两层含义。一是指在同一篇或同一组稿件中，关于事实的表述前后要一致。譬如提及某个具体事件并且提到星期及日期时，一定要核对日历，确保日期和星期对应。统一的第二层意思是指，新闻事实的表述方式要与全国规定的或通用的方式一致，比如译名、计量单位、数字的写法等，不能随心所欲。

新闻编辑要在修改稿件的过程中严格做到以上几点。在实际操作中要求：新奇性要服从科学性，可读性要服从可靠性，信任感要服从责任感。

（二）订正事实的方法

1. 分析法

分析法是新闻编辑通过对稿件所叙述的内容和叙述方法、写作条件等进行逻辑分析，分析是否有破绽或疑点的一种方法，这种方法在改稿时采用最多。新闻编辑运用已经具备的知识和经验，通过对稿件的内容、信源、作者、时间等方面的分析、比较，发现问题并进行改正。具体而言，编辑应该着重分析稿件内容是否违反常识或不合情理，前后内容有无自相矛盾之处，消息来源是否可靠以及稿件作者是否具备采写稿件的条件等方面。

2. 核对法

在有些情况下，分析法只能帮助编辑发现问题，到底错在哪里，真实的情况和正确的表述应该是怎样的，仅靠编辑的知识和经验还不足以得出结论，这时就要采用核对法，即新闻编辑借助有关资料发现和纠正稿件中的事实差错的改稿方法。采用核对法改稿，要求所用的资料必须权威、新鲜、直接。

3. 调查法

有些新闻稿件是否真实、准确地反映了客观事实，仅靠前两种方法还不能明确判断，编辑就要在时间允许的情况下，针对报道中的疑点进一步进行调查。对新闻事实的调查要注意全面地选择调查对象，尤其是对于重要问题和批评报道的调查，不能道听途说，也不能偏听偏信，要全面地向领导、群众和当事人了解情况，要广泛听取各方面的意见。其中，对于那些反映重大新闻的稿件、批评性的稿件、在事实或观点方面有疑点的稿件、新作者的稿件、容易失实的作者的稿件、积压时间过长的稿件，特别需要调查核对。

二、修正观点

对新闻稿件的修改，除了事实的订正和核实外，还要特别注意稿件中的观点和立场正确与否。稿件中的观点和立场要与党的路线、方针、政策的基本精神一致，这是编辑修正稿件观点的根本原则。

（一）观点错误的表现

观点错误的表现形式不尽相同：有的直接出现在新闻稿件中；有的隐藏在字里行间，从作者表达的思想、感情中得以流露；还有的是通过对事实的选择体现出来。无论是哪种表现形式的错误都要彻底消除，以保证稿件在思想政治方面的正确性。具体而言，需要警惕以下三种观点或立场错误。

第一，最显而易见的一种情况，是直接出现在用字、用词上，由于语言使用不当，使新闻报道与党和国家目前的方针、政策、指导思想相违背，这是一种显性的观点差错。

第二，是因报道的选材与角度不当，造成观点和立场的错误，这是一种隐性的观点偏差。譬如对于2016年8月"准大学生被骗9900学费后猝死"的事件报道，媒体应该聚焦于电话诈骗产业链及打击电话诈骗角度，促成社会毒瘤的解决，而不是质疑女大学生心理脆弱。

第三，是因新闻记者对客观存在的事实的认知水平、采访活动的客观条件和稿件篇幅的限制，导致新闻稿件中表现出的立场与观点的偏差或含混。

（二）修正错误观点的方法

在修改稿件时，新闻编辑一定要把握好有关的政策、法规界限，认清事物性质，具体问题具体分析。

第一，在编发稿件的过程中，要辩证地看待问题，避免思想片面。

第二，要注意稿件中的说法、做法是否符合政策、法律、法规，在生活中能否行得通、用得上，实行时是否有负面影响。

第三，批评性、揭露性及法制类稿件，往往会涉及社会阴暗面或一些不宜公开的内容，编辑在修改这类稿件时，要特别注意把握好"度"，防止"媒体审判"。在媒介无孔不入的多媒体传播时代，媒体审判现象屡见不鲜。媒体审判往往发生在犯罪嫌疑人被拘留到接受法庭审判这一敏感时期，尤其是犯罪嫌疑人以囚衣、光头、手铐的典型罪犯形象在全国观众面前认罪致歉。在这一时间段内，媒体报道容易通过选择性的报道左右司法调查方向，通过观点的树立和传播放大媒体话语权，通过受访者或媒体本身富有情感的语言挑动公众情绪，造成负面影响。

第四，对于犯罪行为不宜过细描写。犯罪过程是典型的吸引读者的煽情手段，犯罪过程、行为细节和行为心理描述应尽量避免，以防成为隐形犯罪的指引。一些血腥场面也应把握好"度"，对于受害者以及某些失足者的姓名应加以隐匿。

第五，注意保密。由于媒体是公开传播的，有许多媒体还是对外刊播的，许多国外情报机构把媒体作为获取情报的一个重要途径，因此，新闻编辑要加强保密观念，注意保守党和国家的机密。稿件中泄密主要表现在报道过细而言多必失、时间把握不当、不注意内外有别。总之，机密的构成是以一定的时间、地点、条件为基础的，编辑在修改新闻稿件时务必对新闻报道内容作具体细致的分析，对于那些一时难以判断的，也应该向有关部门请示，不能轻率从事。

三、辞章修饰

新闻稿件的语言要做到准确，经得起推敲，这是新闻语言的基本要求之一。所谓经得起推敲，至少有以下四点含义。

第一，要符合语法。要注意名词、动词、形容词的使用和搭配；要注意介词、副词的使用；注意句子成分是否残缺或多余；看语序是否得当；防止句式杂糅等。

第二，要符合逻辑。一篇通讯稿通常通过设立标题、副标题、小标题，并标注等级符号以增强新闻稿的逻辑性。

第三，反映的情况必须真实，实事求是。

第四，不能说外行话。在报道科学、技术、文艺、体育等带有专业性的新闻时，要特别注意。

四、防止其他差错

新闻稿件类型中，调查新闻是出错"重灾区"。以报社报道为例，为了防止调查新闻出错，记者编辑一般要做到如下规定。

第一，记者对于所采写的文字报道、所拍摄的图片，须与当事人核实并查证。

第二，对于各渠道提供的消息，尤其是网上得到的消息，必须进行多方查证，不能只凭道听途说就形成报道。

第三，采访中尽量根据情况进行摄影、录音或录影，并保存这些原始资料。新闻调查部要定期整理资料，进行系统存档。

第四，对于把握不大但又须及时进行报道的题材，须仔细推敲文字，视情况使用如"涉嫌""疑似"等用词，避免授人以柄。

第五，所摄照片须防止差错，尤其人物照片要特别注意，防止张冠李戴。采访记者要现场核对。对于记者未能现场核对的照片,新闻调查部门主管须与采访记者一起再多方核实。未能核实的照片,一律不用。

第六,除了经常露面的公众人物外,对于特殊场景出现的一些身份不明、难以辨认的人物照片,须作特殊处理。

第七,在调查报道采访及编辑过程中出现的重大情况及疑难情况,须及时报告值班总编辑。

五、修改步骤、方法与技巧

(一)修改步骤

改稿一般要经过如下三个步骤。

第一,通读全文,分析稿件。编辑只有认真通读全文,才能对稿件的主题、结构以及语言的使用有一个全面了解,在此基础上才能确定需要修改的地方。在这个阶段,稿件阅读得越仔细,编辑就越能够发现修改的方向和重点,对稿件的修改也就越完善。

第二,设计方案,着手修改。编辑在通读一遍后,再回过头来对需要修改的地方仔细揣摩、细细衡量。在进行第二遍阅读时,编辑可能会产生一些新的想法和认识,伴随着阅读进行的是一种更为缜密的思考,不但要综合考虑文章的结构,还要做到字斟句酌。

第三,检查复读,精益求精。当编辑按自己的修改意图对稿件进行修改后,还有必要再对整个修改后的稿件从头到尾阅读一遍,这样做的目的是检查修改是否全面,是否符合原意。在这次阅读过程中,如果发现还有不完善的地方,就还得再次斟酌,所以,反复阅读的过程,常常也就是再修改的过程。

(二)修改方法

编辑修改稿件采用的主要有改写、矫正、压缩、增补等方法。

1. 改写

改写,即是在原稿基础上重写。有的稿件内容有意义,材料也很丰富,但写得不好,如观点和材料不统一,或结构混乱,或导语枯燥等,需要重新组织材料、安排结构,重新写作。

改写的方法包括改变主题和角度、调整结构、改变体裁、分篇和综合。

改变主题就是对原稿中不够新颖的主题做改动,重新确立主题。

调整结构一般有三种情况:一是稿件的主题和角度变了,结构也需要随之调整。二是稿件结构条理不清、层次紊乱,需要对材料进行重新组合,使之通顺。三是稿件本身结构没什么毛病,但是平铺直叙、缺少变化,为使稿件变得有起伏、情节紧凑而做结构变换。

改变体裁就是把稿件的原有体裁形式改变为另一种体裁形式。文章的形式是为内容服务的,一定的体裁形式适合表现一定的内容。有时为了突出原稿中的某一特定内容,往往需要相应地改变稿件的体裁形式,以求稿件刊播后能发挥最佳效果。一般是将信息含量较大的体裁改为信息量较小的,如将通讯改为消息。

分篇是指将一篇内容比较丰富且篇幅较长的稿件改写成多篇稿件。有的稿件内容很重要,涉及主题较多,篇幅也较长,可能会增加读者的阅读难度。如果将长稿分成数篇相对独立、篇幅又较小的稿件,每篇只谈一个问题,重点突出,方便读者根据不同需求和兴趣选择性接受。如很多报纸在处理新华社的重要会议报道时,经常将一篇很长的电讯稿分成若干篇消息,在一个版面上集中刊发。

综合是把几篇稿件合并成一篇统一的新闻稿。编辑往往会同时收到好几篇反映同一题材的报道,只是报道对象、方面不一样,如果单发,会既重复又单薄。在这种情况下,就可以采用综合的办法,共用一个导语,将几篇稿件整合在一起。比如有关群众活动的反映、有关政策措施的推行、有关舆论意见的集中等,常常采取综合报道的方式。

2. 矫正

矫正,即改正稿件中不正确的内容和写法,包括对稿件的事实、观点、语法、修辞、逻辑等方面的差错的矫正,目的是要消灭一切错误信息,使稿件事实准确,观点正确,文字通畅,客观公正,真实生动地反映现实的变动。矫正是改稿中运用得最广泛的方法,也是最基础的改稿方法。

矫正的具体操作方式有替代、删节和加按语。所谓替代,即以正确的内容和叙述代替原稿中不正确的内容和叙述;删节指的是直接删除原稿中有差错而且在新闻中无关紧要的内容;加按语就是不改动原稿件中的差错,而是采取加按语的方式指出其中的差错,做法是直接在错误的文字后面加括号和标注。

3. 压缩

压缩,即删除稿件中的多余部分,即通过对稿件的删字、删句、删段和删意,使新闻稿件重点突出,结构紧凑,文字简练。

压缩新闻稿主要从导语、背景材料和主体等方面着手。压缩的主要方法
有:删除稿件中多余的、累赘的内容,使稿件主题集中、鲜明,让人一目了然;摘取稿件中的精华部分,使之成篇,而舍弃其余部分。例如,对新闻内容多、重点并列的稿件保留

骨架，摘取精华，删字、删句、删段、删意相结合；将稿件中重复的字，表达多余的或不当的语句和段落，以及过载信息删减，让稿件简洁干练。

4. 增补

增补，即补充原稿中需要交代而又遗漏的内容。新闻稿如果缺少一些重要的因素，就会影响读者对新闻的理解，这就需要做增补。

增补一是对稿件的资料做一些必要的资料性的补充，包括历史、背景资料，对重要事实补充必要的说明和注释的资料，强化论点的例证资料；二是对最新报道的事实的前因做一些必要的复述，即回叙，尤其是连续性报道，必要的回叙可以帮助受众对事物的整个发展过程和基本面貌有比较全面清晰的了解；三是一些读者不熟悉的知识、技术、人物、事件、专有名词要加注释做说明；四是对一些就事论事的稿件，画龙点睛地补充议论，深化报道主题思想，充分发挥舆论导向的作用。

（三）修改注意事项

新闻编辑在整个改稿过程中，要注意下列几方面问题。

1. 尊重原稿的事实和风格

记者提交的新闻稿件，是在采访相关人物和事件、获得了第一手资料的基础上完成的，是他们的劳动成果，体现了记者的风格和特色，编辑应该对记者的劳动予以充分的尊重，在修改稿件时最好能够征求记者本人的意见。编辑改稿不是将作者的稿件经过自己的手变得"模式化"，而是为了消灭稿件差错，保证新闻报道的质量。编辑在修改稿件时应该看到个性和特色，并注意尽可能保留这种特色，不能用编辑个人的写作风格去代替作者的风格。

2. 防止出现新的差错

编辑在修改稿件时，要尊重事实，实事求是。不能片面追求生动，添枝加叶，更不能任意渲染拔高思想，即编辑不能为了追求表面的效果而牺牲事物的本来面目，应该坚持"只加工，不加料"，防止修改过程的主观随意性。

对于自己不熟悉、不确定的内容，一定要虚心向专家请教或者查阅权威资料，切不可因为自身的主观随意性使稿件产生新的错误。从事稿件修改工作还要细致、耐心，不能因为自己的粗心大意导致修改后的稿件出现字词、标点的错误。

3. 注意使用规范的语言文字

一方面，新闻媒体应该担负起推广普通话的责任，编辑在改稿时要注意语言文字的规范和标准，要注意把一些古文、方言、外国文字翻译成现代汉语和普通话；另一方面，也要考虑到新闻是对最新的社会变动的反映，对于一些已经被广泛接受的健康的流行语，可以在新闻稿中适当采用，如"克隆""追星族""绿色食品"等。但同时也要注意避免使用那些生造的、不合规范的、大多数人都不明白的新词。

另外，特别需要说明的是，新闻编辑除了使用规范的语言文字之外，还需在新闻报道中注意行业纪律和规范，禁止出现政治错误。

总之，任何时候，新闻编辑都不能对差错掉以轻心。报道出错轻则损害媒体的公信力和权威性，重则造成不可挽回的社会影响。

第四节 新闻稿件的配置

一、稿件配置的目的与意义

稿件配置是指编辑按一定报道意图对稿件进行组装和编排，它是继选稿、修改以后对稿件的最后一次编辑处理。

每一篇已经选定和修改的稿件，因受主题、题材、体裁等的限制，只能侧重反映客观事物的某一个方面，而读者对某一类重大或感兴趣的事物往往希望获得更多的了解，因而从一篇稿件来看，反映现实生活的容量显然难以满足读者多方面的需求。

每一篇稿就其反映的方式来看，都是独立的，多篇稿件在形式上是分散的，而客观事物是相互联系的，稿件与稿件之间往往存在着这种与那种关联。因而，稿件反映现实生活的独立性和分散性与稿件之间可能存在的联系，使稿件组合与配置成为可能。

报纸的稿件编发，并非只是把一篇篇稿件分散地、孤立化刊登出去，而常常进行稿件的配置。稿件配置的目的与意义在于：一是有助于充分挖掘新闻信息资源，丰富报道内容，全面反映报道对象，深化主题。二是有助于灵活多样地运用各种表现手法，加强传播效果，满足读者的需求。三是有助于优化报纸版面，从整体上增强传播效果，表现报纸的风格特色。

二、稿件的组织和配合

稿件配置包括稿件的组织和稿件的配合。稿件的组织是指将具有某种共同性的稿件合编，组成统一的稿群。侧重将内容有紧密联系的稿件放在同一个标题下发表，将一组有联系的稿件配套集中在一起刊出，将若干具有共同性的稿件组成专栏，等等。组织在一起的稿件需要有相同性和互补性。有相同性才能形成凝聚力，有互补性才能避免单调重复。

稿件的配合是指按照一定要求，决定刊用的稿件要配发的其他相关稿件，其主要的形式有配评论、加按语、配图片、配资料等。

（一）同题集中

同题集中是把内容相关联的稿件置于一个标题下集中发表。常见编排方法有以下几种。

一是联合。相同的内容，或相同的报道对象，采用同题集中，突出其中同一的方面。

二是连续。即几篇稿件是报道同一事件连续发展过程，采用同题集中，可鲜明地揭示其来龙去脉。

三是对比。即把内容有矛盾性的稿件采用同题集中，通过标题的对比，揭示事物的矛盾性质，鲜明的衬托使稿件更有说服力、感染力。

四是述评。即把分别报道事实以及相关的评论文章采用同题集中，两相对照，相得益彰。

（二）配评论和按语

编辑有时为了深化某报道的意义，常常配上相关的评论，旨在引导读者阅读与理解报道。配评论可以对新闻事实给予理论上的说明和阐发，通过对新闻事实的评价，揭示它所包含的思想政治意义，从而深化新闻报道的主题。配评论还可以从更广泛的领域和全局的高度阐明新闻事实的现实意义。评论和新闻相互配合，可以把客观报道事实和鲜明的立场态度结合起来。使之虚实相映，相得益彰，取得更好的传播效果。

配按语目的也在于评论、证明、解释稿件的内容，其意义与配评论一样，只是更简洁明快一些。

（三）配资料

配资料是指用过去发生的事实和现有的知识等资料，配合相关的新闻同时发表。资料是发展新闻的重要手段，它可以对新闻报道进行注释，说明其意义、价值、原因、性质以及今后的趋向等。

新闻所配发的资料主要有：新闻背景、新闻人物、新闻地理、科学知识、名词术语、统计数字等。总归为两大类：一类是事实，一类是知识。

资料为新闻提供某种解释，新闻则为资料提供传播契机。要考虑配发什么样的资料，会诱导读者产生什么样的联想。因此，所配资料的内容应当根据整个报道要求来决定。

(四) 配图片

配图片是指配合新闻发表各种新闻照片和绘画。图文配合的形式，最常见的是直接为新闻中所报道的事实提供图像。还有一种是两者所反映的具体对象不同，但都是一个总的主题，或属于相近的题材。

配图片常见形式有如下几种。

第一，配合新闻事实，向读者提供渴望一见的视觉形象。

第二，通过图片烘托气氛，抒发感情，进一步加强文字的感染力。

第三，以生动具体的可视形象，为文字稿作通俗"解释"，收到"一图值万言"的效果。

第四，为文字稿提供有力的见证。

第五，以图片特有的优势，吸引读者阅读文字稿。

第六，配发图片，活跃美化版面。

思考与练习

1. 简述报纸的稿源种类及特点。
2. 稿件分析的目的是什么？
3. 分析稿件需要进行哪几方面的对照？
4. 稿件中的失实现象主要有哪几类？
5. 怎样判断稿件所写内容是否有新意？

第四章 新闻标题及制作优化

学习目标

1. 了解新闻标题的功能和特点。
2. 了解新闻标题的结构和类型。
3. 熟悉新闻编辑的制作和优化。

第一节 新闻标题的作用与功能

一、新闻标题的产生与发展

新闻标题是用以揭示、评价新闻内容，并以醒目的形式刊出的放在正文之前的简短文字，它通常被用来指代整篇新闻。新闻标题至少有以下几个特点：首先，从内容看，它能概括新闻最主要的事实或观点，或者能够对新闻内容进行评价；其次，从形式上看，它要求简短、凝练，往往只有一句话或两三句话，其字体、字号与正文不同；最后，从位置上讲，它通常在新闻正文之前。

从程序上看，新闻标题是记者在撰写新闻的过程中就拟就的，是连同新闻内容一并交给编辑的，从这点来说，它是记者新闻写作的一部分；但从整个报纸的生产过程来看，修改和制作标题又是编辑职责之一。因为：第一，报纸总是以版面的整体形式展示给读者的，每个记者拟就的标题只是从自己的一篇稿件出发的，而实际上每一篇稿件都是作为整个版面有机整体的一个组成部分而存在的，这时编辑就有必要根据整个报纸的需要来对原稿的标题进行修改、加工或重写；第二，从工作性质来看，编辑由于长期从事各类稿件的编辑工作，其接触信息的范围要比记者广一些，有时编辑能比记者站在更高的高度去审视稿件，更能把握新闻的要义，更能发现新闻的价值所在；第三，从工作流程来看，作者写作在先，编辑加工在后，从作者交稿到公开见报仍有一段时间，若此段时间内形势有所变化，编辑就有必要对原题所强调的重点加以调整。

所以，报纸版面上各种标题的最后制定，是由编辑完成的，编辑先对原稿的标题进行认真审阅，既要考虑到文字表达的准确性，又要发掘它所表达内容的新颖性和生动性，然后根据当天报纸版面的编辑思想和各类稿件标题协调配合的要求，最终确定每一篇稿件标题的内容和形式。

回顾新闻标题产生、发展的历史，可以大致分为以下几个阶段。

（一）无标题时代

我国早期的报纸是没有新闻标题的，标题的出现不过一百多年的历史。报纸新闻标题作为一个有着相对稳定形式与内涵的概念，经历了漫长的孕育发展的演变过程，在报纸产生的源头，是一个无标题时代。我国报纸源于何时，大多数研究者认为唐朝的"邸报"是我国最早的报纸 现在有几份珍贵的资料：一是1982年在英国伦敦大不列颠图书馆收藏的唐僖宗光启三年（公元887年）的"敦煌邸报"；二是唐代著名学者孙樵所著文章《读开元报》（收录于《经纬集》）。邸报作为宫廷报，是进奏院报状的简称，这种报纸没有固定的报头和名称，人们对它的称呼只求明白，久而久之也无人为其正名了。这时无论是朝廷报纸还是民办的小报，在版面形式、编排手段上都大致相同，从内容到形式也无太大变化，不设报头，没有报名，没有标题，内容范围狭小单一，这种情况一直持续到清代中期。

（二）分类标题时代

我国报纸在出现新闻标题之前，曾有过一种类题——为若干篇同类新闻所加的总题目，这种题目只在编排上起一种分类的作用。如《京报》在所刊登的文章前就冠以"宫门抄""上谕""奏摺"等简单标明文章来源或类别的文字，堪称中国报纸标题的滥觞。这一时期的近代报纸在标题制作上采取了分类标题的形式，即按照新闻消息的外部特征来分类，如消息的来源、消息的门类、消息的紧急程度等。读者虽然还不能从这种分类标题上直接了解消息的具体内容，但与无标题的古代报纸相比，阅读起来已经方便了许多，而且，分类标题因为具有能区别消息的外部特征这一便于读者阅读的功能，一直被沿用到现代报纸的编排中。

（三）一文一题时代

一文一题时代与分类标题时代的出现在时间上并没有相差多久。从现有的资料看，国内最早出现的一文一题这种标题形式的报纸是外国人办的中文报纸《上海新报》，它率先打破了只在新闻栏笼统标出"中外新闻"字样的做法，开始用一文一题的编辑手法，根据每条新闻的主要内容拟定标题。1870年3月24日，《上海新报》上的"刘提督阵亡""种树得雨"等是目前见到的最早的比较完备的标题，它打破了新闻只刊分类题的做法，并用一号字排总题，显得醒目突出，可视为现代新闻标题的发轫。

随着新闻事业的发展和报人对标题认识的进一步加深，我国标题在进入20世纪后有了较快的发展，相继出现了大字标题、辅助标题（含小标题）、多行或通栏标题、虚题等。到了20世纪20年代时，可以说我国的标题已日趋完善了。主要表现在以下方面。

第一，大字号标题出现在报端。1905年2月7日，《申报》在制定报纸方针时，决定"别刊大字，择要标题"。从那以后，改变了标题字号与正文相同的老路子，将标题从茫茫的文字中突出来了。

第二，引题和副题日趋成熟。20世纪最初的十几年，标题字号得到了突出，但辅题仍不多见，直到五四运动以后，主题和副题才逐渐为众多的编辑所看重。很多地方采用了综合编辑法，即对新闻进行充分比较，然后将重要新闻放在版面的重要位置，并调动相应的编辑手段，如采用通栏标题，给标题加花边，给文章加框或配发评论、照片等，一些重要的新闻除了有主标题外，还有引题和副题，有的则在文中辅以小标题。

（四）标题新闻时代

标题新闻是报纸新闻标题的现状和未来发展的趋势。现代人生活节奏的加快以及大量信息的快速传播，迫使编辑以突出新闻标题来强化新闻信息，将新闻内容的核心用标题形式表现出来，让标题独立完整地传递信息，给人突出感和显著感，以吸引读者的目光；同时，读者也可以通过阅读标题来寻找自己感兴趣的内容。

标题新闻时代的到来是与媒体之间的竞争分不开的，这种竞争既包括同质媒体，也包括异质媒体，但主要还是来自异质媒体的挑战。广播的出现，其时效性使报纸的"号外"销声匿迹。卫星与电视的结合，使所有新闻事件都有可能尽收眼底，这直接带给报纸的影响就是迫使其加速自身的时效性，一个外部表现就是"读题时代"的到来。现在，无论是记者还是编辑，让新闻标题成为一种独立的新闻发言手段，这一点上已达成共识。

二、新闻标题的功能

新闻标题的功能在长期的发展中逐步完善和丰富，由早期较为单一的提示功能发展到现在的四大功能。

（一）提示功能

新闻标题通过概括新闻内容而做到"立片言而居要，乃一篇之警策"。在报纸进入"厚报"时代，读者进入"速读"时代后，信息消费的节奏也变得更加简洁明快。据调查，一个人阅读一张报纸的时间一般为10到30分钟，报纸版面增加了，反而意味着每张报纸的平均阅读时间下降。因此，新闻标题对新闻内容的提示功能更加明显而重要。

1. 通过新闻导读提示内页重要内容

导读，从广义上讲就是通过版面元素的组合，集报纸卖点之大成，引导和方便读者快速阅读；从狭义上说，指报纸第一版开设的"导读窗口"，为读者了解该报的内容提供指南。除索引功能外，导读还能增加头版有限版面空间内的信息量。

新闻导读的形式主要有以下几种：①标题式，②标题+导语，③标题+导语+图片。

在三种形式中，标题设计都是核心。导读中的标题可以原题照抄，即新闻导读的标题与内页版面中的新闻标题一致，不作任何改动。

2. 通过实题提示新闻内容

这是新闻标题的最重要和最基本的功能。

如：

"错峰"大考首日早高峰提速30%（主题）

成都市缓堵保畅系列举措起到较明显效果，交管部门表示正月十五过后还有一波考验

（《华西都市报》2010年2月23日头版）

这个标题两行都是实题，全面交代了成都市缓堵保畅举措的成效以及未来可能出现的考验，较全面地提示了新闻的主要内容。又如：

廉租房申请标准将放宽（主题）

广州将实行经济租赁住房制度，通过租住或先租后买的方式，解决"夹心层"群体的住房困难问题

（《广州日报》2010年2月23日头版）

（二）评价功能

新闻标题对新闻的评价是"一句话评论"，画龙点睛，点到为止。目的在于帮助读者正确理解新闻的价值和意义，也可以表明编辑部的立场和观点，还可以与读者形成感情上的共鸣，起到舆论导向的作用。

新闻标题对新闻内容的评价方式有：

1. 选择新闻事实

什么内容进入新闻标题、什么内容进入主题是表达观点的重要环节。

如：

常营3000套经适房交付入住（主题）

售价仅为周边商品房五分之一今年将新建收购13.4万套政策房

（《北京晚报》2010年6月21日）

这个标题的主题和副题都是实题，但两相比较，显然编辑更强调放在主题中的新闻信息。

2. 利用版面语言

新闻标题的版位、大小、颜色、字体、修饰等都说明这则新闻在版面整体中的重要程度，是间接而含蓄的评价方式。如：《潇湘晨报》2010年7月30日把吉林永吉县的洪灾用新闻图片展示，放在头版居中的醒目位置，以此表达报纸记者和编辑对该事件的深切关注。《浙江警方撤销刑拘记者决定》则是运用字体大小来说明此新闻的重要性。

3. 直接议论

在不违背新闻真实和准确的原则下，新闻标题可以使用带有感情色彩的词语，较含蓄地表达编辑的评价，也可以通过评论性语言直接发表议论。

如：

新任国际奥委会委员杨扬接受本报记者独家专访（引）

有中国人参与奥林匹克才更完整（主题）

（《广州日报》2010年2月23日体育版）

在这个标题中，"杨扬接受本报记者独家专访"是作为较次要的事实放在引题中，而将杨扬的一句话"有中国人参与奥林匹克才更完整"放在主题中，借她的话鲜明地表达了编辑对这次采访的关注点，强调了中国对于奥林匹克的重要性，同时也起到舆论引导的作用。

再如：

精彩开局没悬念 "好看"背后有担心

首季主要数据预测

■一季度的增速将继续达到两位数以上，或为11%至12%之间

■3月份居民消费价格总水平（CPI）将在现有水平上略有下降，一季度居民消费价格指数平均涨幅在2%至2.5%之间，处于温和上涨区间

(《解放日报》2010年4月15日)

这则新闻报道了我国2010年一季度的经济信息,通过主题的直接议论准确表达了两层意思:一个精彩的开局已没有悬念:从进出口到投资、消费,从GDP到CPI,一系列经济数据将证实"高增长、低通胀"的预测可以成为现实。与之相伴,对于中国经济运行的担心和疑虑也渐渐多了起来。在这一关键时期,需要审视热点难点,科学判断形势,保持清醒头脑和发展信心。

(三)组织功能

组织功能也可称为"整合功能"。为了避免新闻报道的零碎化和平面化,现代报刊日益重视通过多种手段对新闻报道进行组织和整合,以形成报道的立体性和全面性。关于新闻标题如何发挥组织功能,我们将在下一章中再进行讨论。

(四)美化功能

新闻标题是报纸版面必不可少的点缀,标题的形式、结构、修饰与排列的层次、对比、呼应是版面形式的重要因素,也是优化版面的重要手段。同时,新闻标题通过相对稳定的制作和美化风格来形成不同媒体的个性特点。

三、消息标题的特点

相对于其他新闻体裁,特别是与通讯标题相比较,消息标题具有以下两个明显特征:一是必须标出新闻事实;二是新闻事实要有确定性,显现动态感。

比较以下两组标题:

第一组:

何可欣——高低杠上精灵飞

(《解放军报》2008年8月19日)

水立方内蝶舞歌飞(主题)

刘子歌破纪录夺冠,中国时隔16年再获蝶泳金牌

(《京华时报》2008年8月15日)

第二组:

筹办世博会,中国一诺千金(主题)

——写在上海世博会筹办冲刺之际

(《中国青年报》2010年2月24日)

上海卫生确立"10大重点"首要是确保世博会成功举办

(《新闻晚报》2010年2月24日)

很明显,每组中的第一个标题是通讯标题,第二个标题才是消息标题。从比较中可以归纳出消息标题与通讯标题的区别在于:

第一,通讯标题可以是词组(如"的"字结构),也可以是句子中的一个部分(如"为了……");而消息标题一般则是较完整的句子。

第二,通讯标题的副题之前多加破折号,而消息标题的副题之前则不能出现破折号。

第三,消息标题的结构更为复杂,可以是多行题;而通讯标题的结构较为简单,一般不超过两行。

第二节 新闻标题的结构及类型

一、新闻标题的结构

新闻标题的结构是指一条新闻标题的组成部分及其相互关联的方式。

新闻标题的结构是随着新闻事业的发展而逐渐发展完善的。从最初的无标题时代到类题时代,直到19世纪以后,我国才正式出现了严格意义上的一文一题或新闻标题。在一文一题或新闻标题出现之初,均为一行题,且非常简短,以后才相继出现了两行及两行以上的多行标题。综观目前报纸上的各类新闻标题,其结构大致有两种:单一型和复合型。单一型标题只有主题,没有辅题;复合型标题既有主题,又有辅题,辅题又包括引题和副题两种。

(一)单一型标题

单一型标题只有主题,多数是一行题,也有两行题甚至是三行题。对于一些内容简单、不太重要的新闻,如果用主题就能承担标题的功能,则宜采用单一型标题。

单一式标题主要是实题,只陈述新闻事实,不介入观点倾向,也有部分虚题形式,评价新闻事实,揭示其隐含的意义和理念。单一式标题多运用于新闻消息体裁,标题同消息一样,要向受众报告事实,呈现一种动态,表达谁在哪里发生了什么事等新闻要素。即便是虚题,也应当是有叙有议,虚实结合。如果是单一式的通讯标题,往往也可以用概括性的虚题。

（二）复合型标题

复合式标题是指由主标题和辅助题组成的标题，结构相对单一式标题较为复杂。主标题是标题中最重要的部分，字号最大、最为突出，辅助题则包含引题、副题等几种。

复合型标题各部分的名称及作用如下：

1. 主题

主题是标题中最重要、最受人关注的部分，又称为主标，是多行题的主体。主题的作用是揭示新闻中最重要的事实，说明新闻的主要思想。它应该是一个完整的句子或偏正、动宾词组，能够表达一个完整的概念和意思。在复合标题中，它的字号最大，位置最显著。

主题一般为一行，这样的主题称为单行主题，在一些时候，如果主题太长，排成一排会影响版面的美观，则可以排成两行，但字号必须一样。

主题可实可虚，既可以是叙事性的实题，也可以是议论性的虚题，但当消息是单一型标题时，主题应该是实题或虚实结合。

在复合型标题中，主题一般不要超过两行，行数太多则显得臃肿。

2. 引题

引题是辅题之一，置于主题之前，是主题的前导，因其功能是引出主题而得名。横排标题中的引题，又称眉题，竖排标题中的引题又称肩题，引题一般是一行，有时也可为两行，但字号字体必须一样，字号要小于主题。

3. 副题

副题又称子题，或下辅题，位于主题之后，是主题的后续，常用来补充交代新闻的次要内容，说明主题的根据、结果或其他比较重要的新闻要素。较之引题，副题一般是实题。

副题主要有以下作用：

（1）补充揭示主题以外的新闻事实。主题常常只能标明最重要的事实，而对于其他不及主题事实重要，但也需要告知读者的事实，则可以在副题中标出，补充交代主题中没有交代的次要事实。

（2）阐释主题含义，提供新闻事实。如果主题不是一个实题，而是一个具有抽象意义的虚题，读者仅从主题中无法明白所发生的事实，此时副题就可以承担提供新闻事实的任务，用事实来给主题做一合理的解释。

（3）交代事件结果。主题交代一种现象，而副题则说明这一现象的后果。

（4）解释主题。如果主题是一个问句，副题此时则是对主题行为作出的解释。有时主题不是疑问而是某一现象，副题则负责解释此现象。

（5）印证主题的观点。如果主题提出一个观点或一种评价时，此时则需要用标明事实的副题对其进行印证。

（6）对主题事实提出疑问。若主题表述的是某一事实，副题需针对这一事实提出疑问，以引起读者的思考。

二、新闻标题的类型

新闻标题可以按不同的标准分为不同的类型。这里所说的新闻标题是一个宽泛的概念，它包括新闻文体中的各种形式、各种体裁稿件的标题。

（一）按新闻文体分

1. 消息标题和通讯标题

消息和通讯是新闻文体中最常见的两种文体。它们之间有一些共性，但也存在一些比较明显的差异。

（1）从内容看。消息标题要求标出新闻事实，交代必要的新闻要素，使读者一看标题就能对这一新闻事件有一个大致的了解；通讯标题则比较灵活，既可以呈现新闻事实，也可以是抒情、说理。这种差异主要是由消息标题和通讯标题的不同功能决定的。新闻标题要求读者在未读正文内容之前就把新闻事实告诉读者，这个"新闻事实"可以是事件的概貌，也可以是整个事件中最精彩的"一点"，或最能说明问题的一个细节。这样，即使读者没有时间或不愿意读正文，也能从中知道一些简要信息。从这个意义上说，新闻标题本身就是信息的载体，所以消息标题标出事实是必然的要求。而通讯标题一般来说没有这个功能，它只要求通过某些提示或暗示吸引读者来阅读全文，通讯往往以细致的描述、生动的形象和曲折的情节来感染读者，所以它的标题不能太实，应当虚一些、含蓄一些才好，不宜在标题中就把引人入胜的情节和盘托出，而要用别具一格的标题吸引读者阅读全文，从而给读者留下回味的余地。

（2）从结构看。消息标题可以采用复合式结构，可以有引题、主题和副题，也可以采用引题加主题或主题加副题的形式。通讯标题多是单一形式，即使有辅题，也是副题，一般不使用引题。而在副题使用上，也是为了对抽象的主题进行一些必要的事件解释。

（3）从时态看。消息的时效性明显高于通讯，消息要求将"新近的变动"呈现给读者；通讯则是对某一人、某一事件的详细报道。所以消息标题要能够体现出事件发生、发展的动态，要求有较强的动感；通讯多是静态的，没有太强的时间性。

需要指出的是,这里所说的消息的时态和动态,是就事件性新闻而言的,而对于一些静态的新闻,如会议报道和政策报道,此项要求则相对较弱。

对变动的事件感兴趣是人的天性。记者、编辑在制作标题时,即使是对一些政治性、政策性很强的新闻,也应尽量挖掘其变动的部分,或能另辟蹊径,用动词标示出新闻的意义。

(4) 从语法看。消息标题应该是一个意思表达完整的句子,句子的主要成分不能缺少;而通讯标题则比较灵活,可以是一个完整的句子,如《神话,这样变成现实》《春色在这里常驻》;也可以是一个词组,如《一个能打开局面的党委书记》《不凋谢的鲜花》;也可以是一个或几个词,如《他、她、她》《光明磊落忠心耿耿》。

消息标题和通讯标题的这些差异,主要是由消息和通讯这两类不同的新闻文体所决定的,随着新闻实践的发展向前,以上差异也是相对的,具体在制作标题时要根据实际情况而定,不可过于拘泥于这些区别而束缚了自己的手脚。

2. 新闻评论标题

新闻评论作为一个独立的新闻文体种类,除具备与其他新闻标题的共性之外,还有其自身的特征:

首先,新闻评论标题必须有主题,副题可有可无,一般没有引题。

目前,随着新闻事业发展,媒体间竞争的加剧及公民自我意识的提高,个人署名评论的形式越来越多,作为群众来稿,内容涉及各类社会现象,形式也越发灵活,而报纸为了最大限度地调动读者的参与意识,争取受众,也日渐打破行业传统的清规戒律,即尽可能地以灵活多样的形式反映读者的心声。这种趋势不但反映在评论内容的宽泛上,也反映在评论形式的多样性上,于是,评论的标题中有时也会有引题的出现,这类加引题的个人署名评论多是对社会热点现象的评说,引题主要是对所要评论的事件作一简要概述。

其次,新闻评论标题要求言简意赅、片言居要。新闻评论标题强调简洁,用较少的文字表达作者的观点和立场,片言以居要。

3. 图片新闻标题

图片新闻目前被各家报纸采用已是普遍化趋势。对于一些从性质上讲不太重要,又颇具视觉效应的事件来说,图片新闻无疑是一种很好的报道方式,既告知了新闻,又方便读者阅读,还可以美化版面。

图片新闻的文字说明较少,大多是对事件作简要说明,对于图片新闻的三大部分:图片、标题、内容,很多读者都是只看图片和标题。一幅或一组精彩的照片若能再配上一个新异的标题,无疑是给读者送上的一道精神美味。

制作图片新闻的标题要注意以下几个方面：

(1) 题图相符。图片新闻的标题是对图片内容事实的概括，是用来帮助读者理解图片的，所以其标题必是以图片内容为依托，不能游离于事实之外，要使图片是标题的形象展现，标题是图片内容的具体说明。

(2) 文字简洁。图片新闻一个很重要的功能就是能减轻读者的阅读疲劳。阅读同样篇幅的图片会比阅读同样篇幅的文字要轻松得多，而且有些场景用文字描述常常是不准确而又烦琐的，此时，用图片则是一目了然。与之相配的图片标题也要言简意赅，用最少的文字标出新闻事实，帮助读者理解图片内容。如一幅图片，说的是一辆公汽为避让一辆紧急调头的轿车，不慎撞上花坛，将坛边一棵樟树连根拔起。怎样交代这一事实呢？图片的标题是"公汽失控，拔起大树"，八个字就完整地交代了新闻事件。

(3) 挖掘新意。对于一些新闻图片，记者编辑不能仅满足于简单的新闻告知，还应考虑在主题挖掘上是不是可以另辟蹊径，让人过目不忘。要能够在司空见惯的形象中独具慧眼，显现与众不同的立意，从而使图片标题的立意"源于图片，高于图片"。

4. 特写、专访标题

新闻特写是一种"再现"新闻事件、人物或现场的形象化报道。它主要采用描绘的方法去抓取现实生活中具有典型意义的片断。

特写的标题侧重媒体描述新闻事实最精彩、生动的场面与镜头，多描绘现场、烘托气氛，富有动感，反映人们的精神美、生活美、人格美，用语生动、形象、含蓄，可读性强，以激动人心，题式有单行标题、双行标题两种。

专访也称访问记，是对新闻人物或单位、部门进行新闻访问的报道题材。专访的主题往往是回答社会普遍关心的某一问题，专访的标题以突出被访人物、事件、地点的特点为主。

(二) 按新闻标题的结构特点分

按这一标准来分，可以将标题分为单一型标题和复合型标题。复合型标题又可进一步引题、主题、副题，这一部分已有具体的阐释，这里不再赘述。

(三) 按新闻标题的表述内容分

1. 实题

实题是指表意实在、具体的标题。其特点是具体标明了新闻事实，它以叙事为主，着重表现具体的人物、动作和事件，使读者一看就大概了解所报道的新闻内容。

2. 虚题

虚题是与实题相对的一种标题,以议论、说理为主。它比较抽象,着重揭示新闻的本质,阐明其意义,说明道理、愿望等。消息标题中,虚题的特点是对实题具有依赖性,它要依附于反映新闻事实的实题而存在。一条消息标题可以没有虚题,但一定要有实题,实题可以独立而存在。如果一则消息只有一个标题,那一定是实题。

评论标题和通讯标题在实题的限制上不如消息标题,它们可以有实题,也可以没有实题,虚题以抒情、议论为主。

(四) 按新闻标题在版面上的布局与位置分

1. 提要题

提要题也称提示题,有时也直接叫内容提要。它是在重要的长新闻的标题之下所加的"内容提要"式的长副题,一般位于新闻标题之后、新闻内容之前。在目前的报纸上其形式比较灵活,也可插于内容中间,加框或线以示区别。提要题通常用于比较重要、篇幅比较长的新闻,通过对新闻主要事实、主要观点的概括和提示,帮助读者了解新闻的大致内容,其作用类似于副题。

近些年来,提要题又有了一些新的特征,如传统的提要题一般要概括文章的内容和观点,写作手法平实,现代的提要题既可以概括事实,也可以只提示某些吸引人的事实,还可以渲染气氛,手法也感性一些;传统的提要题一般是从编者角度入手,而现代的提要题有时会从写作者的角度来说明写作的意图和感受;传统的提要题的位置相对固定,现代的提要题则多根据版面情况来定,位置不固定,可以放在标题与正文之间,也可以放在标题之前,还可以放在文中,被正文所包围。另外,一些插题也常常采用提要题的形式,作为某一部分内容的大略概括。此外,在表现手法上,传统的提要题多采用陈述的语气,而现在的提要题在表现手法上则多种多样。

2. 插题

插题又称分题、小题,它是分别穿插在新闻内容中的小标题,是文中某一段落的概括。插题适用于较长的报道、通讯或特写,是总标题的一个部分、一个侧面或一个层次。插题既可以总结或提示段落内容,又可以打破长文章带来的版面沉闷感,使编排更加醒目有条理,既起到美化版面的作用,又方便读者阅读。

一般说来,并列的插题至少要两个;插题可以是提要式的,也可以是画龙点睛式的。如果几个插题能够采取统一的格式,则不仅使整个报道看起来整齐、醒目、有节奏感,而且层次分明、吸引读者，给人以审美享受。

插题通常用于比较长的新闻稿件里。在一篇文章当中，一般有几个分题（通常是3个或3个以上），这些小标题在内容上必须有内在的逻辑关系，如递进关系、并列关系、对比关系等，不能是包容关系，也不能相互矛盾；在形式上，必须结构大体一致，句式大体相当，字数差异不宜大。

插题文字要简洁，最忌拖泥带水。但是，有时作者却故意反其道而行之，把插题做成一段文字。

有时，为了增加新闻作品的美感，可以直接引用成语、俗语、谚语、古典诗词做小标题，但一定要注意切题，并且如果第一段小标题使用古典诗词，那么，其他各段小标题也要使用古典诗词。

3. 栏目题

栏目题亦称专栏题，即把两篇以上内容相关而又各自独立的稿件集纳在一起，组成一个专栏，并冠以一个总题——栏目题。

栏目题如同红线穿珠一般将一组稿件凝聚起来，以更好地帮助读者正确理解这组稿件的中心思想或主要内容。

栏目题一般可以起到以下几个方面的作用：第一，用以概括本组稿件的中心思想；第二，提示本组稿件的中心内容；第三，提要求、发号召，或提倡某种精神、做法。

4. 通栏标题

通栏标题是与版面横度等长的特大标题，又称通栏题。因其横贯全版各栏，故得名。它通常在版面的顶端，用于突出特别重大的新闻，强调某个时期的工作中心和指导思想，也可以用于对某个非常重大的事件表明态度、感情或愿望。

由于通栏标题指导性、鼓动性和显著性都十分强，在使用时，一定要慎重。

（五）按新闻标题的排列形式来分

1. 单标题形式

单标题形式即仅有主标题的一种标题形式。如果事件内容相对简单，只用一行题就足以说清楚的时候，可用此形式。一般说来，这种标题的表现力相对较弱，也显得单调一些。

有时主题因为字数太多而分两行排列，但字体字号应相同。

2. 双标题形式

这里指仅有主题、副题或引题、主题的标题样式，其表意较一行题稍为丰富。双标题可以相互补充,以次辅主、轻重分明。

3. 三标题形式

三标题形式指同时具备引题、主题、副题的标题样式。它能更完整地表现新闻内容,使读者从标题上获得更多的信息,这种标题层次比较丰富,表现手法自由、风格各异。

4. 多标题形式

多标题形式指除了引题、主题、副题外,还有提要题或插题等,其表现形式也就更为灵活。目前我国报纸上也经常会见到这种标题,具体到一篇稿件中,是否使用这些标题要根据稿件的情况而定。如果稿件比较重要,内容又颇为复杂,层次较多时,则可以采用此形式,否则使用不当就会使报道显得啰嗦、笨重,不够精练。

第三节 新闻标题的拟制与优化

一、拟题原则

(一)以事实为依据

新闻标题必须严格地以新闻事实为依据来拟写,绝不能超出新闻事实的范围,即使是那些交代背景、原因、渲染、烘托气氛、点明意义的虚题,也不可脱离事实、无中生有地去编造。题文必须一致,即题中事实与文件事实一致,题中论断与文中事实一致。

(二)突出重要因素

新闻标题应反映新闻内容中最具有新闻价值的那一两个要素。比如时间上的最新,地理上的最近,事件上的重大影响、社会焦点,人物上的重要性、显著性,观点上读者的兴奋点、接近性等。

(三)注意虚实配

新闻标题就性质而论有实题虚题之分。实题重在叙事,表现新闻事实中的人物、事件、地点等。虚题重在说理、抒情、提示新闻事实中的精神、道理和思想。实题是新闻标题的重要形式,虚题必须依附实题。单一型标题都应是实题。虚题常宜作引题,切忌作单一型标题。虚题亦不应大而无当、哗众取宠。

(四) 雅俗应该得体

标题的雅体现在其文字的文学性,标题的俗体现在其用语的流行性。标题借用古典诗词、成语、典籍语录,不仅可以得画龙点睛之效,而且也营造了版面的典雅气氛,同时本身也是一种文化传播。不过,"雅"不能过于阳春白雪,生僻褊狭,失去大众性。标题的俗,俗在灵活借用流行语、流行歌词、行语、习语等,突出大众媒体的流行性、大众性、时代感。但俗不可低俗,应该维护和塑造公共话语的洁净。

(五) 长短应该适当

新闻标题的新趋势是长题短文,厚题薄文,强化信息的冲击力,同时美化、平衡了版面。但长题多宜用于引题之中,而主题、大标题应用短题。据资深编辑的体会,大标题、主标题,最好不超过13个字。因为我们报纸上的标题在多数都是三栏左右,而三栏题的空间如果放一号字,最多只能容纳13个。字数再多字号只能缩小,这就有点不像样子了,而且字数太多读起来不方便。心理学家研究后发现,人的眼球停留一次大约能看到4个字,那么一行13个字的标题,眼球转动三次左右也就可以看完了。超过这个字数,眼球得多转动,容易引起视觉疲劳。

(六) 题文一致

题文一致包括两个含义:一是标题中所揭示的事实,必须与新闻内容一致;二是标题中的论断,必须在新闻中有充分依据。因为新闻标题是新闻内容的概括和提高,它本身就是一条最简短的新闻,是原新闻的缩影,所以必须绝对忠实于新闻的原文。

题文一致的具体内容是:第一,标题上不可添加新闻中没有的事;第二,对于新闻中有关数量、质量、深度、广度等方面的提法,要绝对按照原文的分寸,不可夸大或缩小;第三,原文只报道某一事实,标题不可以偏概全,说成是全局性的事实;第四,标题可以突出新闻中的某一事实,但不能以此歪曲整个新闻的基本事实;第五,对事实的表达,不能产生逻辑上、文字上的歧义;第六,虚题所提出的道理,不可把事实无限拔高。

二、标题的语体模式

第一,叙述体。直接陈述新闻事实。这种新闻题用得最多,它朴实、直接、准确,其吸引力在于信息内涵本身。

第二,描述体。用形象化的语言来叙述新闻事件或人物。这种新闻题具有现场性、过程性,能很好地提示新闻事实的状态,显得直观、生动,引起读者的阅读兴味。

第三,疑问体。主题用问语,似乎向读者发问,要读者回答;其实是要读者注意此事,答案在副题之中,或者在新闻文字之内。新闻报道采用这种题式,多半是在提示事物的矛盾,特别是遇到难以解决的矛盾,呼吁舆论支持的时候。

第四,感叹体。感叹体标题充满了新闻报道者和编辑的强烈主观感情色彩,同时也表达了读者的心声。这种标题重在提示新闻事件所带来的影响,本质上反映着一种赞赏,或警醒,甚至愤怒。用得好,具有极强的召唤力。

三、标题拟制方法

(一)标题拟制目标

第一,概括最新的内容。

第二,广大读者所不知晓的内容。

第三,新异的内容。

第四,与广大读者关系密切的内容。

第五,在社会上已经发生重大影响的内容。

第六,事态正在发展将产生广泛和深远影响的内容。

第七,与广大读者地理上、心理上接近的内容。

第八,广大读者具有共同兴趣的内容。

第九,具有典型意义的内容。

第十,有利于解决社会迫切矛盾的内容。

第十一,对广大读者有教益的内容。

(二)从正文提炼标题的方法

第一,只保留事实核心部分,省略其他部分。

第二,只保留事情发展结果,省略不必要的过程与细节。

第三,省略消息来源。

第四,省略不必要的议论。

第五,省略不必要的事实成分,如时间、地点、具体名称等。

四、标题的常用修辞手法

第一，比喻。运用通俗易懂的具体事物，去说明或描写某些抽象、生疏的事理。它可以使抽象的内容变得具体而形象，从而引起人们的联想，扩展信息的含量，增强标题的感染力和说服力。具体又分为明喻、隐喻、借喻、引喻等。

第二，借代。借用被人们所熟知与本事物有着内部或外部密切联系的特征或属性来代替它，使标题更具体实在、形象生动。

第三，对偶。把字数相等、结构相同、意义相关的两个句子，对称地排列在一起，形成对仗工整，音节和谐，朗朗上口，便于记忆的标题，便可增强感染力。具体可分为正对、反对、宽对、严对等。

第四，谐音。利用字词的谐音带出不同的含义，往往能产生独特的表达效果。

第五，反复。有意让同一个字词在同一标题里多次出现，往往能强化一种感情，增强表达效果，加深读者的印象。

标题的修辞形式十分丰富，除了以上具体介绍的几种，还有比拟、设问、反诘、倒装、顶针、回环、排比、双关、歇后、成语活用等等。

五、标题的形式美化

标题的形式美与它的组合关系以及在版式中所处的地位密切相关。标题美化效果直接影响到标题的魅力，美化适当，其魅力传导就充分，反之就不充分，甚至产生适得其反的效果。标题形式美化也有一些基本要求。

第一，配置要得当。简单地说，是指标题字号、字体、字形的配置，必须考虑到标题的内容及在版面上的地位，该强化的要强化，该渲染的要渲染，该特殊处理的要特殊处理，做到形意相合。

第二，排列要有序。这主要是指标题的版式上的布局要做到对称、均匀、有层次感，形成动静合宜、主次分明的格局。

第三，疏密要得体。该紧凑之处要紧凑处理，同时特别要注意空白的恰当运用。如标题的四周和字与字、行与行之间的空白不可不留。

第四，装饰要适度。标题装饰能增强表现力，但要讲究分寸，不可一味浓妆艳抹。如标题配压题照片，标题配题图等，如果配的图照过于强化，反而会喧宾夺主，得不偿失。

六、标题制作的过程

(一) 确定标题内容

编辑拿到一篇稿件后,如果对标题不满意,决定重新制作的话,第一步要解决的就是写什么的问题,即确立标题的内容。那么,没有参加事件采写的编辑,应该从哪里入手确立标题内容呢?

1. 通过阅读全稿确定标题内容

阅读稿件是编辑拟制标题的前提。编辑在阅读稿件的同时,要结合自己以往的经验,向两个方向努力。

(1) 提炼新闻主题。标题具有概括新闻事实的功能。如何概括新闻事实?编辑应在阅读全文的基础上提炼新闻的主题,而后用简练的语言将之呈现出来。如果编辑没有能够很好地提炼出主题,以致出现题不对文的现象,那么所拟的标题就是失败的标题。

新闻主题是一篇新闻报道所体现出的中心思想或基本倾向。新闻主题来自新闻材料,是对题材所蕴含的新闻价值和现实意义的发掘、凝练和概括,是报道的灵魂。在新闻的标题中表达出报道的主题,是一则新闻标题制作成功的最基本要求。可以说,制作新闻标题提炼主题的过程,就是把握事件本质的过程。

(2) 发掘题材的新异性,即找出新闻中真有特色和个性的内容来。有特征的标题一定能吸引读者;相反,一个内容平平,给人以似曾相识感的标题是引不起读者兴趣的。要想使标题新异、与众不同,就必须先发掘出事件的个性出来,能够于平淡处见神奇,个性化的标题才为读者所喜爱,也才会具有长久的生命力。

2. 从导语中寻找标题内容

一般而言,从导语中寻找制作标题的内容是一种快速简洁的方法,因为许多新闻稿都是将最有价值的新闻事实或事件概貌总结在导语中。

不过,通过阅读导语就确定标题内容的做法不是绝对的,它提供的只是一种可能性,很多时候往往是不可行的。如对于一些采取金字塔形结构的新闻,或是导语所表述的新闻主题和思想比较平淡,或者导语只是大致交代概要,没有抓往新闻的亮点,此时只看导语是不够的,所以在时间允许的情况下,编辑还是要通读全文,才能更好地领会稿件的主题。所以,编辑在制作标题的时候,可以先认真地阅读导语,把它作为阅读下文的基础,然后在看完稿件全文后,再将整个内容与原来的导语综合起来考虑,得出最适当的结论。

3. 确定是否表态及表态的方式

标题有评价新闻的功能，但这并不是说每一则新闻的标题都要评价内容。标题可以评价新闻内容，也可以只摆事实。在编辑提炼出了新闻的主题之后，接下来要考虑的就是要不要表态的问题。如果准备表态的话，要采取何种方式。对于那些信息性较强、感情色彩不明显的新闻就没有必要进行主观评价，只需使用一些中性的语言客观准确陈述出主要新闻内容即可，而对于倾向性比较强的新闻，标题如果既告诉读者发生了什么，又告诉读者应该怎样去看待这一事件，则无疑是从现象到本质都达到了新闻的真实、客观。此时就需要标题有一个明确的态度，这里标题表态的方式即是我们前面讲到的标题的评价功能。

（二）标题制作的要领

确定了将什么写入标题之后，就要按照标题制作的基本要求将其用文字呈现出来。在制作新闻标题的时候，要掌握其要领：准确、鲜明、简洁、生动。

1. 准确

标题要忠实于新闻内容，并能准确地表达新闻内容，做到"题文一致"，这是制作标题的最基本要求。"准确"性还包括以下几方面。

（1）概括事实要准确。

标题往往是对事实的概括，读者经常是通过看标题来了解新闻事件，所以标题在概括事实时一定要准确，不能误导读者。

如南方某报曾刊出一幅新闻照片：一群放学后等待家长来接的孩子们，有的在门卫室争抢着给爸爸妈妈打电话，更多的孩子则是直面大街面有难色地发呆。照片的标题是《不接不回家》。是孩子们真的个个都娇惯到了没有父母接就不肯回家的地步吗？不是的，或者说主要不是。这是由于一个时期以来交通秩序比较乱，社会治安不好，父母不放心，孩子们虽有双脚也难迈步呀，这也是这张新闻照片的价值所在。现在以"不接不回家"为题，便把原因归结到孩子们身上了，背离了真实性原则。若把后一个"不"改为"难"，即"不接难回家"，就既符合事实本身，又设置了悬念，调动起了读者的阅读欲望。

（2）观点表达要准确。

标题要用准确的语言表达新闻中的观点，观点的不准确直接影响到新闻的真实性。

2. 鲜明

标题的鲜明具体说来就是：

（1）标题要突出精华。

制作标题要选择那些最新鲜、最重要、最有特点，最能说明主题、反映新闻本质的内容。这些内容是稿件的价值所在,也是最能吸引读者的"兴奋点"。

1994年1月8日,创办仅8天的《深圳晚报》在一版头条刊出《她的名字冷又硬 她的心肠热而软——老朋友,别怪我!新朋友,别谢我!》一文,报道深圳火车站女售票员赵铁石手握热门票不走后门的先进事迹。这则标题通过对比,标出了新闻的价值所在,使广大读者为这则标题所吸引,更为赵铁石的"铁石"心肠所感动。所以这则标题在获得全国晚报标题大赛奖后,又获"深圳新闻"一等奖、"广东新闻"二等奖。

(2)标题要态度明确。

标题在发挥评价功能时,一定要态度分明,该表扬的表扬,该批评的批评,充分发挥传媒的舆论引导作用。

3. 简洁

简洁是指在标题内容的表述上要简练精辟,不拖泥带水,简单明快,一目了然。

(1)精于概括。

我们在制作标题时要用尽可能简练的话语或词组来说明新闻的主要内容和实质。用简练的语言表述标题是以真实的事实、正确的立场为前提的,切不可为求简练而简练。

(2)精于省略简化。

在制作标题时,可以省略一些不必要的议论和众所周知的人物头衔,对一些必须标出的地名、单位名、国名、事件、总称等可以进行合理压缩。对标题的适当简化是精编标题的需要,但简化要以不被人误解为前提,使用时一定要慎重。

4. 生动

生动形象的标题往往最能吸引读者,标题应该从形式上给读者以良好的"第一印象"。如果第一印象不好,势必会影响读者对这条新闻乃至这份报纸的态度。

标题要制作生动,要引人入胜,但都要以新闻事实为依托,如果新闻事实本身不怎么样,却非要做个很好很醒目的标题来,反而会给人一种虚张声势的不好印象。

(三)标题制作的艺术

艺术手法,本来是文学用语,指文学艺术创造中塑造形象、反映生活所用的各种具体的表现方法,又称表现手法。在新闻传播中,借用这一文学手法,目的是使新闻传播更吸引人。我们下面对制作标题经常使用的几种基本手法一一加以说明。

1. 巧用动词

巧用动词可以彰显动态,而运动着的事物比静止着的事物更能吸引人的目光。

2. 点染意境

中国古典文学一贯重视意境，追求"象外之象""韵外之致"，通过有限的现实空间达到无限的想象空间，从而达到情与景、意与境的交融。在制作标题中，可以通过适当的形式给读者留下一定的想象空间，让他们慢慢品味其中的意味。例如：

龙井吐翠香更浓

在制作标题时，如果能仿写一些古诗词名句，就可以借用古诗词意蕴丰富、富有意境美的特点，使新闻标题富有意境。例如：

知否，知否，绿肥红瘦
连绵阴雨使杭州名花展上部分花卉受损

3. 戏剧效应

制作标题时，可以采用适当手法将新闻内容中的误会、冲突彰显出来，也可能通过设置悬念等手法使新闻标题产生戏剧效果，使读者从标题中看到富有戏剧性的场面。

4. 大众化语言

通俗化、大众化是新闻标题发展的一个方向。新闻标题如果采用一些人们熟悉的俗语、警句或者传唱的流行歌曲的歌词的话，无疑会拉近与读者的心理距离。例如：

哥哥今日走西口妹妹欢喜不再留
新郎接新娘乐坏丈母娘

5. 活化标题

对于一些标题，可以采用为其增加点色彩、声音和温度的方法使其给人的感觉更形象生动、真实可感。

6. 使用符号

在新闻标题中，有时用一些非语言性的符号可以比用文字更醒目、更凝练。非语言符号和文字相映成趣，使标题看起来一目了然，很容易因其形式上的特异性而吸引读者的目光。

7. 巧用数字

把新闻中的主要数字显现在标题中，能够提高新闻的价值，从而给人留下深刻的印象。

8. 修辞方法

使用修辞手法制作标题，往往可以使标题看起来生动活泼，富于形象化，同时也更具有表现力和吸引力，使标题在传情达意上恰到好处。

(1) 比喻。

使用现实生活中具体的、浅显的、熟知的事物去说明和描写那些抽象的、深奥的或是生疏的内容，就是比喻的方法。常见的比喻有明喻、暗喻、借喻。

(2) 比拟。

就是把人当作物、把物当作人或把甲物当作乙物来描写。这种修辞手法可以抒发强烈的感情，给人以鲜明印象和具体感受。

(3) 借代。

借代是一种不直接说出人或事物的名称，而是用一个跟它有密切关系的名称或事物来代替。

(4) 引用。

将现成的诗词、成语等运用到标题中，用来叙事、抒情或议论，使标题更加简练、生动，富有文采和感染力。

引用分为直接引用和间接引用。一字不差地引用原句或成语，是直接引用；如果在原句或成语的基础上稍加修改，使其更贴切地表达出新闻的含义，我们称之为间接引用。

(5) 双关。

双关是指利用语音的相同、相近或者语义的多指性功能，有意使一个语句兼有两种意思，造成言在此而意在彼的表达效果。双关在新闻标题中的运用，可以使语言的表达含蓄、曲折、得体、发人深思。双关的使用还可以使语言幽默、诙谐，妙趣横生。

(6) 仿词。

仿词是指在现存词语的对照下，为了表达的需要，更换词中的某个词或词素，临时仿造出词语出来，表达新的意思。仿词的使用可以使新闻标题富有新意，容易抓住读者的注意力，还可以使语言犀利，更有力地描绘事物的性状、突出事物的本质，造成讽刺或幽默的情调。

(7) 排比。

排比就是把三个或三个以上的结构相似的词句排在一起，表达同一性质或同一范围的内容。这种方法可以使标题显得整齐有力、气势贯通。

（8）反问。

反问是用疑问的形式表达确定的内容，不需要回答，答案寓于问话中。

在新闻标题中作用反问，可以加强语气，强调新闻内容，增强表达的力度，反问的运用还可以使新闻的主题更加深入人心。

（9）对偶。

对偶，俗称"对子"，诗歌中叫"对仗"。它是用两个结构相同或相似、字数相等、意义密切相连的短语或句子对称地排列在一起的一种辞格。对偶是汉语独有的一种修辞方法。在新闻标题中运用对偶，可以使新闻标题整齐匀称、声韵和谐，能增强语言的整齐美、节奏美。在表意上，能把意思表现得凝练而集中，有极强的表现力。

（10）对比。

把两种不同事物或同一事物的两个相互对立的方面放在一起进行比较，这种修辞方法叫作对比，也叫对照。

对比在新闻标题中的使用，可以更好地突出人和事物的特点，揭示其本质，给人留下鲜明的印象，便于人们去鉴别人和事物的美丑善恶。

（11）反复。

为了强调某种思想感情，有意让表达这种思想感情的词语或句子一再出现，这种辞格称为反复。在新闻标题中运用反复，可以更好地突出主题思想，强调新闻内容所表达的情感，增强节奏感、旋律美。

（12）设问。

在阐明观点或叙述问题时，故意先提出问题，然后自己再回答问题，这种辞格叫作设问。设问是从问题入手，设问的问题可以掀起波澜、渲染气氛、加强语势。问题的提出能引起受众注意，启发受众思考，以突出主题、强调内容。

（13）反语。

通俗地说，反语就是说反话，即凭借上下文语义的控制，使用一些词语或句子来表达本想表达的，但与这些词语或句子的字面意思截然相反的意思。

（14）回文。

回文又称回环。就是将上句的结尾作为下句的开头，上句的开头作为下句的结尾，通过回环往复的形式，生动地展示两事物之间的关系。

（15）谐音。

巧用谐音，可以收到意想不到、妙趣横生的效果。

(16) 呼告。

就是撇开读者，用直接面对新闻中的人或物说话的方式来表达激动的心情，以此来加强词语的感染力，这种表达方法感情色彩较浓。

(17) 顾名。

顾名就是利用人或物的名字在字面上的意思来做文章。

七、当今报纸标题的新特点

我们前面讲述的标题的特点、结构、类型等主要是从传统新闻标题的角度出发的。随着社会的进步，新闻事业也在不断地发展，带来的是报纸风格、新闻风格的新变化，这种变化体现在新闻标题上，就是一些新特征的出现。有些特点传统的理论已不能完全涵盖，前面谈到标题的制作时有些已经涉及，下面我们将这些新特点详细呈现如下。

（一）可读性增强，日益强调通俗化、大众化

新闻标题是读者从报纸上获取信息的首要通道。随着人们生活节奏的加快，很多读者都是忙里偷闲，通过随意性的翻阅来了解周围环境、获取信息的。读者阅报的随意性和无目的性迫使报纸必须以更加生活化的面孔去面对读者，这种诉求表现在新闻标题中就是尽量使标题通俗化、大众化，使读者在轻松的阅读中了解信息。在标题制作上，少了以前的那种朴素、庄重、典雅的书卷气和严肃的口吻，更多地突出了标题的生活气息。

从另一方面讲，在市场竞争中，各媒体都在挖空心思地想办法如何最大限度地争取受众，而受众的文化程度有高有低，如何制作出适合大多数人胃口的标题呢？于是，注重标题的生活化和大众化就是首要的追求了。面对广大的普通群众，媒体大都以相对通俗的标题为主，当然，意蕴深刻、文学性比较强的或者是较严肃的标题也可以偶然用之，一来可以显现标题的多样性，满足一部分文化水平较高的读者的口味；另一方面也可以适当地培养读者的审美能力，显示报纸的品位，但一般不宜以此为主，因为广大读者看起来会比较吃力，从而丧失了阅读的兴趣。例如：

(1) 　　　　　今夜要下雪了

(2) 　　　　　天边有位铁打的汉

(3) 一则连续了7年的报道，一道无法解决的难题

　　　　　丢丢的家在哪里

（二）扮亮标题，加强标题的刺激性和冲击力

当今报纸在新闻标题的制作与编排中，十分重视报道面部的扮亮，强调给读者留下深刻

的第一印象。

首先，从内容上来看，一是精心遣词造句，重视一些抢眼直露的词语或形式的使用；二是提取最新异的事实，追求煽情、轰动功效。

其次，从形式上来看，将制作出的有特色的标题在版面上加以突出。突出的方法有两种：一是给标题以相当宽绰的版面。翻开报纸，标题占大于正文的版面的情况比比皆是。有的报纸，常常有一行标题占据小半个版的现象，字体之大，超出了报头。二是着力改变某些字词的形式。着力改变某些字词的形式，从而以形式的特殊性吸引读者。这里的形式包括字体、字号及颜色等。

（三）标题的表述方式从过去的重在叙述变为现在的重在生动表现

传统的新闻标题多是以严肃、中性的口吻来陈述事实的，重在叙述；而当今新闻的标题却越来越重视生动的表现，使主题更加形象、生动。如一条关于马路交通秩序混乱的报道，《羊城晚报》重在说怎样乱：《黄埔大道过马路一个"乱"字》，突出了"过马路"；又如关于广州保姆市场走俏的报道，《羊城晚报》的标题更是极力表现如何"俏"：《100个市民争夺70个保姆》。

标题形象生动的趋势使一些原本严肃的政治新闻也在逐步改进。对于一些专业性较强，易显"灰色面孔"的标题，标题也日显生动。如《众兴水库生病了》、《广东经济孕育新"宝宝"》、《春运带着变数今天起步》（指天气等特殊情况）。

（四）辅题有加长的趋势，有时会模糊与提要题的界限

在快节奏的现代生活中，人们阅读新闻总是带有太多的随意性和不确定性，于是在新闻标题中蕴含大量的新闻信息就成为一种趋势。在加长的标题中，其所蕴含的新闻要素自然就会增多，这样可以使一部分只读标题的读者在短时间内获得较多的信息。

新闻标题加长，一般是引题和副题加长，作为标题主干部分的主题一般不会过长，否则会使整个标题显得累赘、笨重，且中心不明确。

在加长的辅题中，有一种从内容上来说属于提要题的辅题，这种提要题是对新闻内容的简要概括，此时的主题，大多为评论性、抒情性的虚题，即提要题的位置和功能也发生了一些变化。

提要题作为副题出现。提要题作为副题出现，对主题作进一步说明和概括，它比一般的副题更全面具体地介绍了新闻内容，使读者对新闻内容有较为全面的了解。

提要题是依据标题的内容命名的，而主题、引题和副题是依据其在标题中承担的功能命

名的，所以提要题作为引题或副题，这之间并不矛盾。作为引题，它从内容上讲是提要题，从功能上讲是引题；作为副题，从内容上讲是提要题，从功能上讲是副题。以上只不过是分类方式的不同而已。

（五）标题新闻易受青睐

在传统新闻理论中，标题是要依赖正文而存在的。但在当今报纸竞争日益加剧的情况下，却诞生了一种不依赖内容就能独立存在的标题形式，我们称之为标题新闻，即标题本身就是新闻。它从外观上看，简洁如新闻的标题，却没有正文，或脱离正文，或与正文平行，独立地表达精短的新闻内容，是一种文字简洁、排列如标题的新闻。

这样的标题有以下几个特征。

第一，新闻要素独立而齐全。因为它是离开正文而独立存在的，这就使它承担着告知新闻内容的功能，所以标题中必须包括必不可少的新闻要素，从而使读者只阅读标题就能了解新闻的主要内容。

第二，具备标题的结构形式。标题新闻从内容上讲要告知读者新闻事实，但从形式上讲它是标题而不是新闻，所以它具备标题的结构形式，即它可以是单一型的，也可以是复合型的。

第三，风格严肃简洁，不加修饰渲染。标题新闻一般用于比较严肃单一的政治、经济、外交题材。要求简明扼要，只要陈述清楚新闻事实即可，一般不加修饰，也不作细节上的渲染。在版面上所占的空间一般不大，如果这种标题的文字过长，不但使读者阅读起来吃力，达不到以简洁形式告知事实的目的，而且会使版面局部显得笨重，有不协调之感。

标题新闻以标题的形式对新闻事实作简要报道，快捷而轻便，标题新闻栏的设立，能够在不大的版面空间中密集报道新闻信息，为缓解报纸版面容量与传播信息量这对矛盾找到了一条可行的路径。同时，标题新闻还可以满足受众在现代快节奏的都市生活中对信息的大量需求，所以，它一诞生就备受各家报纸的喜爱。

八、新闻标题的优化

新闻标题的优化是制作者的自发需求，是读者的迫切需求，是标题自身完善与改进的需求。所谓"磨刀不费砍柴工"，在新闻标题上花费的心思与得到的效果可以说是成正比关系，即越是细心钻研构思标题，越能够编制出吸引读者注意力的标题。

标题是新闻的"眼睛"，一个好的标题会使整个新闻作品具有吸引力。新闻标题的拟制过程需要经过千锤百炼，以此达到理想的效果，因此，记者和编辑们都会想尽一切办法使新闻标题语言凝练，使其富有吸引力与感染力。然而，许多初学新闻或在制题上难以找到突破口的新闻工作者提出了这样一个困惑：如何才能又快又好地理清思路，制作出一条相对优化的新闻标题？这就需要优化新闻标题的研究来指导标题制作的实践过程。

（一）标题拟制中信息采集的优化

信息，是物质存在和运动状态的陈述与反映，就新闻来说，它所传播的是大千世界众多信息中的一部分信息，我们称之为新闻信息。所谓新闻信息，指新近发生的为公众所关注的、具有新闻价值的社会信息。

新闻标题必须适应新闻事件达到优化，因此，在制作标题时，首先要仔细阅读新闻事件的内容，找出其中蕴含的最有报导价值的新闻要素。其次，标题还可对新闻内容进行简要适度评价，以表明作者、编者的态度倾向。最后，就是对新闻中的各种信息有重点、有层次地进行总结，以便表达成文。我们可以将总结的过程分为两个步骤：一是根据新闻事实凝练新闻中心主题；二是围绕中心主题突出新闻价值。

1. 凝练新闻主题

标题是否准确表达新闻中心主题，是评判标题好坏的基本原则。一则标题用词再华丽、手法再新颖，没有体现新闻内容的主题，就是个失败的标题。如果一则标题突出新闻中心，并且具有很强的冲击力，那么它已经具备了好标题的基本要素。

因此，在新闻稿件完成后，新闻编辑者总会重新审视，或通过纵向比较，分析、发掘新闻内容体现的中心思想；或通过横向比较，把握信息的历史定位和个性特征，体会其中蕴含的最新鲜、最深刻、最有针对性和现实意义的思想或倾向。制作标题时，凝练主题的过程，就是制作者把握新闻内涵的过程。

2. 发掘新闻价值

新闻价值，就是新闻信息能够吸引读者的、与众不同，只有把握了新闻信息的独特价值，才能全面地认识这一信息。在新闻标题的制作中，如果一篇有新意、表达完美的新闻报道在新闻标题中只反映新闻的共性，做一般化的概括与总结，那么读者在看到新闻标题之后，提不起阅读全文的兴趣，新闻标题就失去了意义。发掘新闻价值，除了发现信息的外部表象特征之外，更重要的是发掘信息的独特之处、新颖之处，凸显其他信息所没有的特殊点。挖掘信息的特殊点，需要编辑者在生活阅历以及写作经验上的积累，更要深入了解新闻事件，花费精力认真去探索。首先，要全面通读新闻稿件，发掘出新闻事实的时代特征，正确认识新闻信息的性质，在新闻标题中加以表述。其次，新闻标题制作中的信息采集要从归纳、分类新闻稿件中的信息因素入手，对新闻内容在必要的时候进行适度信息筛汰，使其特异之处"一花独放"。最后，要在新闻标题这一有限的表达范围之中有层次、有技巧地表达新闻信息。

（二）标题拟制中思维的优化

思维是人脑对客观事物的间接的、概括的反映。通过人脑中的分析，可以认识事物各部分的特征；通过人脑中的综合，可以认识事物的整体特征；通过人脑中的比较，可以认识事物的独特之处；通过人脑中的抽象，可以认识事物的本质；通过人脑中的推理，可以从特殊到一般，找到事物发展的一般规律，进而从感性认识上升到理性认识。

新闻标题拟制离不开思维过程，新闻报道思维相较于其他具体的思维，具有其自身的特性。在新闻报道中，编辑者的构思思维是一种独特的集成性思维。这是由新闻报道内容的多样性、新闻报道媒体的多样性、新闻报道手法的多样性、受众偏好的多样性等决定的。因此，新闻报道不像科学研究，主要采用逻辑思维方式，也不像文学创作，主要使用形象思维方式，而是采用逻辑思维和形象思维相结合的集成性思维方式。

1. 新闻标题拟制过程中的逻辑思维

逻辑思维又叫抽象思维，是运用判断、推理等方法来概括事物本质的认识过程。新闻标题编辑过程中，有不少环节是以逻辑思维为主。为了拟制一个具有提纲挈领作用的新闻标题，逻辑思维必不可少。运用逻辑思维可从以下几方面入手。

（1）事与理的结合。

在新闻标题拟制过程中，要想做到事与理的结合，就要求制作者在通读全文的基础上对新闻事件有个全局的、客观的把握，挖掘蕴藏在新闻事实之中的思想内涵。在了解事件后，要注意发掘其中蕴含的深刻道理，或是深刻的人生哲理；或是被人们所忽视的生活小道理。总而言之，在编辑新闻标题时，一定要注意做到"事"与"理"的结合，使标题不仅传达大致的新闻内容，而且体现编辑记者的价值取向，形成社会舆论导向。

（2）点与面的安排。

点与面的关系就是要正确处理细节与整体的关系，通过细节总结和归纳整体的一般特点，在新闻报道中达到共性和个性的对立统一。新闻标题应以小见大，从简单易懂的词句中体现大的道理，由浅入深、由表及里。一件小事的报道往往可以让读者备受震动，体会到人生中的大道理。

（3）正与负的处理。

新闻报道通常以宣传社会中的新风尚、新面貌为主，但坚持正面宣传、弘扬主旋律，并不意味着要忽略揭露不文明现象，忽视鞭挞不道德作风。在正面报道的同时，我们要让人民群众的意见、真实情况和想法有一个正当的途径可以得到疏解。而且正面报道和负面报道不一定有固定的表述区分，这就是逻辑思维中要注意处理好的正与负的关系。

2. 新闻标题拟制过程中的形象思维

形象思维方式也是人们认识客观事物的一种手段，它是用感性材料集中综合成形象，以体现事物本质的一种思维方式。形象思维遵循认识的一般规律，通过主体对客体的观察体验，产生大致的感受与认识之后，借助于感觉、知觉、表象材料等，进行分析、综合，最后组成有血有肉、活生生的形象，以形象体现各事物的本质。形象思维受编辑者价值观、世界观的支配，同时也受其对社会生活理解程度的制约，丰富的艺术修养与创作经验对正确运用形象思维具有积极作用。

形象思维并不是文学艺术作品的专利，在新闻标题拟制过程中形象思维的运用也十分广泛。新闻标题在要求精练、简洁的同时，往往要求其能够真切形象地传播新闻信息。不仅在报道人物、事件等有形信息时，会用到形象思维，而且在描述无形、抽象、不易理解的信息时，也会运用形象思维，化抽象为具体，化无形为有形，增强标题的感染性。

（三）新闻标题拟制中文字表达的优化

新闻编辑在充分采集信息，应用科学思维方法进行总结、构思后就该进入最后文字表达阶段。在此阶段，制作者不仅要重视构成标题的基本要素，还要加强文字的锤炼与推敲，以达到优化新闻标题的理想效果。在选择恰当的词句过程中，应注意以下几个方面。

1. 采其精粹，摘其要旨

标题要做得生动形象，就要选择富有表现力的词语和运用恰当的修辞手法，把最重要的新闻事实准确地表现出来，让读者产生如临其境、如触其物的感觉。一条好的标题，既要有强烈的新闻性，又要有深刻的思想性和较高的艺术性。现代人在忙碌的学习、工作之余，有时难免感到过长的文章或标题面目可憎，在这种情况下，求浅、求短、求表现形式的新颖有力就成为人们对新闻标题的必然要求。标题要作短作精，就要善于概括提炼、取其精粹，尽量省掉可有可无的内容，只保留事实的主要部分，有的可只标出事情发展的结果，省略不必要过程，有的可少交代一些新闻要素。

2. 借鉴艺术手法，渲染标题意境

文学和新闻传播的关系密不可分，在新闻标题编制过程中，增添艺术效果，可以使得新闻传播更具文学性和吸引力，产生更好的传播效果。新闻标题追求意境，可以使读者通过想

象和联想，身入其境，在思想感情和内心深处得到感染。在渲染意境时，可以注重以下几点。

首先，在组织文字表达意图时注重表达内容的内涵丰富，可在精练的标题语言中努力营造意境，给人一种"言有尽而意无穷"的感觉。

其次，新闻标题在表达内容时要注意寓感情、哲理和一些与此有关的景物于其中，做到事、情、景、理的交融。

最后，制题时巧妙地运用、仿写古诗文，拿流行歌曲、影视片名等入题，自然而然地使受众联想到新闻事件及其意义所在。这样的新闻标题，不但言简意赅，而且容易富有意境。这是因为古典诗词、流行歌曲、影视片名等一般都是受众熟悉的，援引这些语句入题，能在受众与新闻事实之间找到一个契合点，从而缩短受众与新闻事实间的距离。

3. 巧妙运用标点，增加感情色彩

标点符号是现代书面语言体系中不可或缺的一个部分。如果一个制作者不会合理、恰当地使用标点符号，则说明他的语言功底还有缺陷。在日常生活中，标点经常被人们所忽视，但实际上，看似无足轻重却有着十分重要的作用，其用法也大有讲究。

对于富于概括力和感染力的新闻标题来说，花费心思锤炼标点符号，让其发挥独特的表达效果，是极为重要的事情。一个好的标题，总是以炽热的情感来拨动读者心弦，这种强烈的感情色彩，是单凭文字表现不出来的，恰当而巧妙地运用标点符号，往往能收到言虽尽、意犹存的效果。在标点的锤炼上，一般要做到用得省、用得巧。

（1）用得"省"。就是在无助于情感表达的情况下，只要不会引起歧义或让人无法断句，就不用标点，使标题版面干净、简洁。

（2）用得"巧"。就是要因文巧布局，根据特殊语言环境的要求，通过选用最恰当的或是具有特殊表达效果的标点，使文意表达更加精准、情感更加逼真、标题更加醒目。

思考与练习

1. 标题制作要坚持哪些原则？
2. 标题在稿件中有着怎样的作用？
3. 标题在制作过程中应注意哪些事项？
4. 当今报纸中标题出现了什么样的新特点？

第五章 新闻报道的策划与组织

学习目标

1. 了解新闻策划的界定。
2. 了解新闻报道策划的概念及其主要类型。
3. 了解新闻组织的原则。
4. 掌握不同类型新闻报道策划的方法。

第一节 新闻策划的界定

新闻策划，20世纪90年代中期提出的一个新闻传播新概念。当时一批新闻学术期刊和新闻业务刊物，如《新闻记者》《新闻大学》《新闻界》《新闻战线》等都曾开设专栏，集中发表了一些关于"新闻策划"的文章，围绕着什么是"新闻策划"，新闻能不能"策划"，"新闻策划"的意义与作用，"新闻策划"的操作技巧等多方面问题展开了讨论。虽然对于某些问题至今仍争持不下，但不容忽视的事实是，如今从电子媒体到印刷媒体，从全国性媒体到地方性媒体，从综合性媒体到专业性媒体，新闻策划的实践已成为一种常规性行为。新闻策划已经是新闻实践工作中的一种客观存在，成为各类新闻媒介运作中的一种普遍存在的行为。

一、新闻策划的争议和概念

20世纪90年代，由于新闻媒介的种类和数量的大幅度增加，使得媒体之间竞争加剧，出于市场和生存的考虑，媒介内兴起了一股"策划"热，积极发挥媒体的主动性，有谋略、有设计地介入新闻事务，出现了继"节目策划""版本策划""栏目策划"之后的新闻界的"新闻策划"，围绕业界这一新的新闻实务动态，学术界展开了理论上的讨论。

我们知道，新闻是指新近发生的事实的报道，新近事实变动的信息。而策划是指为了一定的目的而进行的有计划、谋划、决策，即为达到所定的目标而进行"构想、提案、实践"的过程。策划是从广告学中衍生出来，并被大量引用于企业界、文化界、传播界，以至于日常生活。策划的基本要素包含了：预见性、主动介入、延续性、效益优化，另外需要补充的是，策划也应具有创造性或创意性，这样才能在激烈的市场竞争中出奇制胜。然而，"新闻策划"这个用语及其含义，却成为新闻界争论的焦点。

有一类观点是将"新闻策划"理解为对新闻业务的策划，它作为一种设计、一种决策和组织，贯穿于整个新闻活动的过程之中，大到整个报、台的风格定位、宗旨确立、栏目设置，小到单个专题的报道思想、采访思路、人员安排、采访手段的使用、版面或节目的设置等等，都属新闻传播活动策划的范畴。老报人艾风认为新闻策划是"采编人员对新闻业务活动进行创意的谋划与设计，目的是更好地配置与运用新闻资源，办出特色，取得最佳社会效益"[①]；他还指出，新闻策划的具体内容至少包括创办新报、新刊、新台；报刊的改版、扩版；电台、电视台新创设的版块节目；报刊栏目、专刊、副刊的重新设计；重大题材报道与深度报道的策划；精品与独家报道的策划；等等。熊忠辉认为："新闻策划就是新闻工作者在新闻传播过程中，围绕一定的主题或目标对传播全过程进行决策和谋划，从而制定报道计划作为指导传播活动有效开展的依据的过程，它与新闻调查、新闻实施和新闻反馈一起构成现代新闻传播全过程。"[②] 换句话说，这类理解都是将新闻策划的客体看作是媒介的新闻传播活动，把新闻策划行为看作是全面设计最佳的传播方案，充分挖掘和表现传播内容的新闻价值，达到最佳的传播效果。在当今一些都市报上，经常可以看到报纸设立的策划栏目，还郑重写出策划者的名字。这说明媒介策划从幕后走到了台前，成为目前我国媒体常用的工作方式。

也有人仅仅将"新闻策划"看作是"新闻报道策划"。毛艳认为："新闻策划可以理解为自从掌握事实或线索以后直至公开传播之前，对一个或一组新闻事实进行符合新闻规律的一种谋划。"[③] 朱家生认为："新闻策划是对一个单体新闻事实或一组系列新闻，符合新闻规律的一种谋划，它可以是已经发生的、正在发生的或可预见性的新闻，目的是采用最适合的新闻手段，获得最好的新闻宣传效果。"[④] 这几位学者的观点都认为，新闻策划的对象是已发生的新闻事实，策划是对新闻事实的预见、加工和设计。其实，这样的报道策划的现象早已

---

① 艾风. 新闻改革的产物——新闻策划 [J]. 新闻大学，1997 (02)：34-37.
② 熊忠辉. "新闻策划"大家谈 "新闻策划"提法是正确的 [J]. 新闻知识，1997 (03)：25-26.
③ 毛艳. 关于电视新闻策划的思考 [J]. 新闻大学，1997 (03)：61-63.
④ 朱家生. 新闻策划之我见 [J]. 新闻记者，1997 (02)：23-25.

存在。21世纪初,世界上一些有影响的报纸如《纽约时报》,就已经注意对重要事件的报道进行策划,具有代表性的是《纽约时报》关于"泰坦尼克号"沉没的报道,编辑部主任卡尔·范安达以预见性的眼光,为沉船报道作了充分准备,根据乘客名单准备好了一篇背景介绍,还准备了供头版使用的泰坦尼克号的照片,并以数栏大字报道了这一不幸消息(详见《美国新闻史》,新华出版社出版);而五六十年代,我国也有不少的"报道设计",定义为"对一件事情在整体规模上的报道谋划",只是那时更多的是停留在具体报道的策划上,是新闻界一种不自觉的运作方式。

两种观念倾向相比较,前者着眼于宏观层面的考虑,力求形成一种"新闻整体策划"的概念,在流程上更全面,也更具有现实意义。

另一类观点则强调"新闻策划"是一种预谋、策动,即在新闻事实发生之前由媒体参与设计促成事件发生并予以报道的一种行为。"所谓策划性新闻,指的是新闻媒介人为策划而成的新闻,是新闻媒介为了报道的目的,主动谋划设计、促成事件发生发展并予以报道的新闻。报道策划,也就是有计划地组织报道和经营版面,即由'来料加工'那种无计划、被动型的编辑方式改进到'点料制作'的主动型的编辑方式上来。"[1] 也就是说,媒体一改往日守株待兔的被动局面,主动出击,利用自己的影响围绕某一主题展开活动,为取得轰动效应,"制造"新闻。在这个意义上,策划成为"新闻的增长点"。这一观点很明显地区别于上面的一种看法,它将"新闻策划"更多地看作为"新闻活动或新闻事实"的规划谋略,把新闻策划的客体由已发生的客观事实转向了主动创造出的新闻事实,并对这种策划持赞同意见。

在现实中,媒体经常会出于某种目的,策划并组织某些活动,或者诱发和控制某些事件的发生、进展,然后再加以大张旗鼓的报道。这些事件通常会得到党政部门和老百姓的认可,具有较大的舆论影响力,从而提高媒体的发行量或收视率,最终为传媒带来丰厚的经济利益。例如,《华西都市报》的"孩子回家行动",是一个广为新闻界和社会各界津津乐道的创举。1995年11月河南警方解救出了被拐卖的一群四川儿童,华西都市报闻讯开展了新闻追踪,准备报道这些孩子如何被认领回家。不料活动进行到一半时,孩子们却无法被自己的家人或四川警方认领,河南警方也不能长期收养,只能将孩子送回养父母家,新闻追踪眼看只能就此遗憾结束。该报总编提出报社出面将孩子接回四川的点子,使新闻追踪再掀高潮。一时间,社会各界广泛参与,包括中央电视台在内的中央、地方和港澳、北美许多新闻媒体

---

[1] 张允若.策划性新闻纵横谈[J].新闻传播,1997(02):26-27. 沈重远.报道策划——编辑工作应有之义[J].新闻大学,1996(03):34-33.

报道了华西都市报的这次"行动"。报道主题、报道对象、报道内容都不仅仅限于对被拐儿童的关注，而是延伸到"可怜天下父母心"的社会大震撼、大感染。其策划手段不仅运用的成熟，还能从非独家新闻或旧闻中设计出独家策划来。又如，1997年《青岛晚报》与志愿者协会联合发起"周日志愿者行动"，每周末在报纸上刊登招募启示，把社会上的志愿者力量组织起来，或春节时义务写春联，或干旱时浇灌树木，台风季节帮孤寡老人修葺漏房等，当时有上万人参加了这次活动，不仅宣传了"帮助他人、完善自己、服务社会、弘扬新风"的高尚精神，而且将这一精神转化成真正的行动。这时，媒介策划、组织活动与策划、组织报道合而为一。从实践上看，这种做法似乎是一种双赢，被视为主观能动性在新闻业务上的体现，其合法性也得到了一些研究者的支持。

但同时也有不少人对此提出批评，他们认为这与新闻是新近发生的事情的本质是背道而驰的。客观性是新闻的本源，不能以主题先行的方式，通过新闻传媒的主观策划，自导自演"制造"新闻。这里很重要的一点是，应该将"新闻策划"与"策划新闻"区分开来。应该强调，新闻策划的客体是策划主体自身所从事的新闻传播活动，而非策划主体所要反映的客观存在——新闻事实。围绕这个问题虽然学界也一直存在着争议，但仍可以确定的是，编造虚假新闻与通过活动策划引起社会上的轰动效应是完全不同的，不能因此就否定一切媒体对新闻的主动介入行为。

还有一种观点则把新闻策划放置于更广泛的范围之内，把新闻策划等同于媒介策划，认为新闻策划还包括新闻媒体（单位）的广告策划、经营策划、公关策划、竞争策划等等。市场经济要求一个经济单元必须具有一整套成熟的营销策划方案，才能在竞争中制胜。以报纸为例，一张报纸的策划，包括"产品"的设计、开发、加工、制作到流通以及反馈到研究新产品，再投放市场，再循环。读者市场、广告市场的空档越来越小，这种策划的难度和复杂性越来越高，一般性的、线性的或平面的判断和设计已不能适应竞争的要求。立体地策划报社的发展之路，在版面质量、发行网络、广告收入、队伍建设、新闻理论等多方面快速推进，互相呼应，雪球才能越滚越大。但这种观点已经超越了新闻编辑策划的范围，更多的属于媒介经营管理事业的范畴，所以在此就不深入探讨下去了。

显然，上述几种观点的分歧是很大的。那么，"新闻策划"的定义究竟如何界定？首先，新闻策划究竟是对新闻事件的策划，还是对新闻报道的策划，抑或兼而有之？其次，新闻策划的范畴到底有多大？是仅仅针对新闻报道的策划，还是对比新闻报道范围更宽泛的新闻业务的策划，抑或同时包括了对新闻业务和经营管理活动以及新闻事件的策划？第三，"新闻策划"概念能否囊括传媒运作中的各种策划行为，是用一个新的术语或术语群来分别加以表述，还是对新闻策划概念加以重新界定？从过去一些学者发表的关于"新闻策划"的专著和文章来看，从不同的角度对新闻策划下的定义，加起来约有近 20 种。但大致可以归纳为四类：第一类是狭义的"新闻策划"，即"新闻报道策划"；第二类是"新闻业务策划"；第三类是"新闻事件策划"，即"新闻本源策划"；第四类是广义的"新闻策划"，包括媒介形象策划、广告策划、经营策划、公关策划、竞争策划等等。对这四类定义，多数人的意见认为，从新闻实践看，"新闻策划"主要是指新闻报道策划、新闻业务策划。

从编辑学的角度来说，新闻编辑学的研究范围应该包含宏观编辑业务与微观编辑业务两部分，当然这只是个相对概念。与微观编辑业务着眼于组稿、组版、节目制作等具体操作比较而言，宏观编辑业务是在微观编辑业务开始之前，新闻编辑对媒介的定位、对媒介产品中新闻单元（以报纸为例，包括报纸的新闻版及新闻性的专版专刊）的总体设计、对新闻采编机构和采编流程的设置、对新闻报道的设计与组织等。微观编辑业务实际上是对编辑策划方案的具体落实和操作。

简要概之，媒体的新闻编辑中的策划主要包含两方面内容，一是对媒介产品中新闻单元的策划，一是对日常进行的新闻报道活动的策划。

二、新闻策划的特性

新闻策划现象无论在国外还是在国内都存在已久，只不过一直没有明确指称或指称不一。近几年来，我国对新闻策划的重视，是新时期思想解放思潮和国外新闻传播理论引进浪潮影响的结果，也是新闻改革进一步深化及新闻媒体竞争日益加剧的必然结果。事物的特性是区别事物性质的界限。新闻策划的特性是区别于其他策划的不同之处。概括起来讲，新闻策划有以下特性。

（一）创新性

创新性是新闻策划最重要的特征。新闻策划的创新，就是要把新闻策划与新闻媒体经常运用的报道方案、报道计划、版面设计等区别开来，形成超越常规的独特巧妙的构思。新闻策划如果缺乏创意和创新，和常规性的方案、计划、设计、设想大同小异，就不能发挥其价值。新闻策划的目的是更好地配置和运用新闻资源，提高新闻报道的质和量。而如何优化这些资源，透过新闻素材的表层，挖掘其内在价值，这就需要策划者一方面在遵循新闻规律的前提下，正确运用各种新闻手段，在新闻运作方式、采编方式、写作方式上进行创新和突破；另一方面从全新的视觉观照和透视新闻事实，或对新闻事实有新的独到理解和认识。前者涵括工具和方式方法层面，后者指涉内容层面。也就是说，新闻策划包括方式方法上的创新和内涵层面的创意。具体而言，新闻策划就是要涉足别人未曾涉足过的领域，报道别人未曾报道过的内容，选用别人未曾选用过的主题，采取别人未曾采取过的形式，也就是人们常说的所谓绝招、独到。只有在时间、地域、内容和形式上以超凡的气势和独特的视角予以报道，才能出奇制胜，达到策划的目的。那种一味跟在别人后面亦步亦趋，走习惯老路的做法，就谈不上是新闻策划。创新性是新闻策划的灵魂。

（二）预测性

策划先于行动，先于别人分析现实，预测未来，发现并抓住具有普遍意义的新闻予以报道，应具有前瞻性，这是一层内涵；策划构思"人无我有，人有我新，人新我特，人特我快"，又是一层内涵。不管是哪种类型的策划，其目标定位和实施方案，都要尽可能先进、科学、具体。策划的超前性，不仅仅是一个"早"字所能代表的，它是建立在对信息和全局的准确把握基础上作出的一种预见性策划。

（三）群体性

新闻策划从方案的提出到计划的实施，包括提出选题、设计方案、保证评估、筛选择优、采写、编辑制作等流程。任何一次新闻策划，都不是个人行为，而是从总编辑、部主任到记者，内外人员共同参与、协同作战的产物，是媒体上下、内外的群体性活动，体现了媒体的整体素质。在整个策划的操作过程中，把集体的力量、集体的聪明才智充分调动出来，一方面有利于将采编人员的知识、能力及智慧聚合成一个整体；另一方面也有利于采编人员相互激励，博采众长；同时，更有利于新闻媒体集中财力、物力，突出新闻报道重点，攻克新闻报道难点。不过，强调策划本身的群体参与性，也并不否认个人作用。有的时候个人的作用可能更具有决定性和主导性，但这只是个别情况，个人作用无法代替群体力量。正是由于新闻策划的这种群体性，使报道的规模性、深远性、深刻性都超过了一般的新闻报道。

（四）配置性

新闻策划的操作主题对已经获得的新闻事实往往进行了的优选、提炼等加工处理，根据需要有些事实被重点强化进行突出，而有些事实却被压缩甚至删减。通过这样，新闻策划对新闻信息进行资源配置，同时，这也是媒体对公众进行"议程设置"的方式之一。它一方面有利于新闻策划对信息资源筛选，突出报道主题，提高新闻宣传质量；另一方面有利于实现新闻资源的价值增值，获得最佳深度效果。这也是新闻策划体现其气势、优势的内在驱动力之一。在实际运用中，如果对既有的新闻资源不进行策略性的有效配置，新闻报道难得有新意、有深度、出精品。

（五）持续性

新闻策划是一个反复的、持续的行为。这具体体现在：在策划之前，传播者首先要了解受众信息，掌握其心理需求，作为选择传播内容和设计传播方案的重要依据。而在策划运行阶段中，又必须时时接受受众"反馈"，以判断正在进行的传播方案或传播内容有何社会效果，并据此修正原先的设计方案，使传播顺利进行。在策划完成之后，还必须对传播效果进行评估，并总结此次策划活动的经验和不足。在重大新闻的连续性报道中，新闻策划的持续和反复体现得更为明显。这使得新闻策划人员在新闻传播活动中能更好地发挥主观能动性，在题目设置上更有针对性，使传播内容更能符合受众的需要，传播方式能及时得到修正，传播效果随时得到检验。

三、新闻策划的动因

（一）适应市场所需，参与竞争所然

作为信息传播者的媒介，一方面担负着传播新闻，引导舆论的社会使命；另一方面，还要出于自身利益考虑，作为一种相对独立的信息产业参与激烈的市场竞争，争取占有较大的市场份额以获取利润，保障其自身的正常运作和发展。实际上，除了国家政府机关下属的一些非独立经营的媒体之外，一般的媒介单位都必须在新闻传播中考虑读者因素和市场因素。而随着社会透明度的不断提高，新闻资源共享性也随之提高，独享新闻资源已越来越变得不可能。新闻媒体间的竞争也自然地由独享资源领域进入到共享资源的同题竞争领域，即更多地看谁能有效利用和挖掘这些有限的共享资源。"新闻大战"已成为记者的家常便饭。只要新闻事实一发生，各家媒体都会派出自己的记者去"抢新闻"。新闻媒介不仅要努力向受众提供独家新闻，而且也要尽力推出独家报道。在其他媒介对某一新闻事实已经作出报道的情况下，强调独特报道视角和思想观点。而要抢到独家新闻，形成独家报道，都需要事先策划。在这样一种态势下，一种全新的新闻理念在新闻界悄然流行起来：那就是策划制胜。以报纸为例，报业是一个同时向市场提供两种服务形式的产业，既为读者提供新闻，也为广告商提供广而告之的影响力。应市场所需，策划行为便应运而生地存在于媒介运作的各个方面，在复杂的政治环境和经济环境中寻求、"选择谋划"自己的生存发展之道。在当代媒体竞争中，新闻策划已成为新闻竞争得分的一个重要"砝码"。同样的新闻题材，传播效果的好坏，策划就是关键。为此，许多新闻媒体都把新闻策划作为新闻竞争的关键环节来抓，有的新闻单位甚至成立了专门的策划部门。

（二）体现了新闻媒介与社会的互动关系

今天，新闻媒介在社会中越来越占有重要地位，媒介系统已深深渗透到社会的其他体制中，逐渐成为整个社会结构的一个重要组成部分。按照西方社会学的"结构功能理论"的阐述，大众传播媒介作为社会有机体中不可缺少的一部分，必然要发挥一定的功能，服务于整个社会大系统。而媒介系统功能能否正常发挥，将直接影响到整个社会大系统的常态与病态。因此，要强调媒介的社会责任感，强调媒介的沟通、协调和维护功能。同时，作为一个独立的行业，"社会冲突论"认为，新闻媒介也是具有自身利益的机构，不可避免地要拥有自己的利益追求。而"媒介系统依赖理论"则吸收了上述两种理论的主要思想，强调媒介系统依赖关系的双向性，认为媒介系统和社会其他系统出于各自的目标相互依赖，同时也出于各自的利益相互冲突。由此可以得出，媒介与社会处于相统一又相矛盾的辩证关系中，这正好体现了新闻策划的重要性。一方面因为社会环境中的各种因素都对媒介产生刺激、制约或干扰，促使新闻策划主体有意识地调整和控制新闻传播以适应环境；另一更重要的原因则是传播者要对新闻传播活动进行策划和组织，以改进媒介系统的功能，更好地为整个社会大系统服务。媒介与社会的这种互动关系在实际上要求媒介在新闻传播中必须有所选择和谋划，也可以说，新闻传播的策划与组织是社会大系统对媒介小系统的内在要求，也是媒介改进自身功能，适应社会现实的一种有效途径。

（三）切合受众心理

新闻的传播活动是为了实现信息在传播者与受众之间的有效流动，使媒介发出的信息能够为受众接受的同时，充分发挥媒介的各种功能如宣传教育、舆论监督、文化娱乐等。由此，把新闻信息理解为由两部分内容组成，一是对客观事实的观念性陈述，二是对所含新闻价值的理念性判断，两者不可或缺。新闻报道是人的一种含有主观目的、传播客观存在信息的理性行为。媒介新闻传播规律本身要求传播者要追求传播的有效性。人们在传播新闻时，必然对该新闻事实可能产生的影响进行评估，报道者只有在确认了它具有社会意义，并且符合媒介的报道宗旨时，才会加以传播。传播者不仅希望受众接受客观事实的信息，还希望他们接受附着于信息中的思想观点。

而要做到这一点，首先，这个载体要具有一定的社会影响力，载体本身必须为受众所熟悉、信赖和喜爱。其次，媒体传播的内容要能符合受众心理和受众需求。由此而言，媒介从业者需从媒体的整体设计和具体报道手段两方面努力以争取受众。新闻传播活动要针对受众心理来进行，以实现媒介的预期目标。我们所提出的"新闻策划"正是在这一点上，不同于计划经济时期的报道计划，"计划"传播是将受众作为被动的、不会独立思考的接受者，而且所承载的往往是媒介领导者的主观想法和愿望，编辑所充当的也只不过是"执行者"的角色，没有自主决策的权利；反之，新闻策划则将受众看作能够自由选择的能动的人，为此，编辑要充分调动起自己的主动性及决策的自主性，以适应这一变化。反映在具体工作中，就是要增强工作中的应变性，同时较多考虑受众的心理和需要，注重根据传播过程中受众的反馈意见对媒介和报道随时作出调整。比如对典型人物的宣传报道，长期以来的报道形式给受众提供的往往都是一些高不可攀的、不食人间烟火的英雄人物，过于简单化、刻板化；后来的典型报道则贴近寻常百姓的现实生活，以平民的心态向受众展示了英雄人物作为普通人的一面，对宣传报道做了有益的补充。

四、新闻策划的作用

（一）有利于调动各种资源

当今社会正处于"信息大爆炸"时代，各种信息资源如潮水般涌现在人们眼前，令人目不暇接。通过新闻策划，可以使以传播信息为主要职能的新闻媒介从中择选出那些受众最为需要的信息资源，对它们进行优化组合、合理配置，及时传递给受众，满足他们的迫切要求。从而避免优材劣用、大材小用。自从有了广播电视以后，报纸在新闻的时效性、现场感方面处于下风，读者要求报纸多作深度报道，要有背景分析。记者要作出深度报道，必须调动各种资源，现实的、历史的、经济的、文化的、本地的、国内外的等等来为报道服务，写出立体感、纵深感。这就要预作策划准备。如1997年香港回归的报道，信息铺天盖地而且重复，读者难免选择困难。"解放日报"回归专页刊登12篇大特写，从市民现场反映，到全球华人的心态，作了详细分类报道，很受读者欢迎。这些大特写从选题到选择素材，都经过精心策划，精心准备，连发表时刻也经过策划。这类国内重大新闻事件，往往从选题到选材、发表时机等，都是经过精心准备和策划的。

（二）有利于促进记者深入采访

新闻策划不能拍脑袋凭空进行，也不能仅仅坐在办公室里做网络和电话采访，更重要的是深入生活、深入实际、深入群众中找点子。新闻策划要求策划者具有丰富的"阅历"和丰厚的生活底蕴。对新闻报道的策划，一般先要发挥集体智慧，对记者的采访提出具体要求，如怎样反映主题，去哪些现场采访，寻找什么样的采访对象等，对各方面事务都要事先作出明确的计划和安排。这样不仅能提高记者采访的积极性，也给记者带来一定的工作压力，迫使记者提高效率，深入采访。

(三) 有助于深化报道主题

新闻报道承担一定的宣传任务，这是我国新闻媒介的职责所决定的，也是丝毫不能动摇的。服从服务于经济建设这个中心，高扬社会主旋律，体现正确的舆论导向，是新闻报道的基本要求。那些题材重大、意义深远、新闻价值含量高的事件及党和政府工作中的重点、难点、热点等问题，往往涉及方方面面，纷繁复杂，不易把握。通过策划，新闻工作者就可以更好地认识其本质，把握其精神，从而深化报道主题，做好舆论导向工作。实践证明，这样事先在思想上取得共识，确定报道选题，提出具体报道的方式、方法，有利于使新闻主题鲜明，导向正确。

(四) 有利于提高新闻报道的质量

新闻策划在新闻传播流程中的一个重要作用，在于使新闻传播者能够更有效地控制传播流程，增强新闻的传播效果。许多报道经过策划，可以组织最佳的采访方案，丰富报道的层次，宽视野，多视角，搞出有分量的力作来。不可否认，记者凭着个人素养随机抓取新闻事件，写出精彩的作品来，这种案例一直都有，也值得提倡和学习。但大多数的新闻报道都是讲究预见性、系统性的，那种媒体无须策划，随波逐流，凭运气出好新闻的时代已经一去不复返了。在新闻竞争日益激烈的今天，哪个媒体要不在策划上下点功夫，没有自己的一手，就势必在竞争中失败。

第二节 新闻策划的意识及原则

一、新闻策划的意识概述

新闻策划由新闻策划主体和新闻策划客体这两个基本元素组成。新闻策划的主体是指新闻媒介或新闻报道策划的运作者，通常指参与新闻策划的人。新闻策划的客体是指新闻策划指向的对象，通常指对新闻单元以及新闻报道和策划。

新闻策划是一个富有创造性的、复杂、庞大的系统工程，从选题的产生到方案的确立，以至实施、调整、评估等，都需要周密的设计和安排，科学地制定策划方案。一个基本的新闻策划方案的产生流程如下：

确定目标→统一认识→制订计划（主题确立、人员分工、时间分配、工具安排）→方案的评估与调整→执行

新闻策划的主体作为这一工程的实际操作人员，其组织形式、素质和能力都决定着新闻策划的成败。一般而言，新闻策划主体在不同的策划内容中有不同的人员组合状态。为媒介产品进行整体策划（媒介产品定位策划、改版策划、形象策划等）时，策划主体多为组织严密、分工明确的人员集合体。有时，媒体考虑到自身人才资源匮乏时也会请一些外部人员加入策划小组，担任某些工作。而新闻报道的日常策划则比媒介整体策划运行得更为频繁，每一次报道策划的持续时间和展开规模也不同。因此，报道策划人员一般由某些编辑部门的负责人或是某些版面的主编等负责。对于重大选题的报道，新闻策划人员的组织也会相应地变得更严密和复杂。

在当今竞争激烈的媒体环境下，新闻策划意识不断提高，对策划主体提出的要求也越来越高。策划主体有了逐步从"智多星"式的个体向"智囊团"型的群体转化的趋势。策划也由简单的"出点子"过程转变成一项系统的、需要全盘统筹的工程。在这样的情况下，建立一个创新的策划组织形式，能使策划力量得以有效配置。科学的策划组织形式应该是顺从人才层次而建立起来的阶梯人才结构：对某一领域或几个领域发展趋势有深刻把握的专家型人才处在这个组织的结构顶端，然后是有一定积累的编辑人才，而在一线的是精力充沛、随时听从指挥的记者。同时，随着媒体策划力度的增强，在编辑队伍中将逐渐分离出相对专业的从事策划的人员，他们对新闻产品的生产流程比较熟悉，对受众需要及市场变化有较深的了解，对某一领域社会现实的来龙去脉把握得比较深刻，因此他们能够找到事件与受众关注点之间的结合点，并按照新闻产品生产流程设计出系统的操作方案。在媒介中可以建立常设的策划小组，按照不同的领域建立不同功能的组织，在人员构成上，尽量做到知识背景、工作背景、年龄性别等各个层次的互补，注重相异视角和观点碰撞。

二、提高新闻策划者的素养

在建立有效机制的条件下，还必须提高策划者个人的素质，以适应策划的需要。

（一）强烈的策划意识

策划意识是现代市场经济条件下对媒体组织成员的根本要求。策划意识的核心是科学决策的意识，也就是说，在市场经济条件下，媒体生存环境变化了，需要除旧布新、更新观念，要树立信息观念、读者观念、服务观念、竞争观念、市场观念。而这些观念整体融合起来就成为整体的、创新的、科学的策划意识。只有具备了强烈的策划意识，媒体才能形成创

新的环境和机制，策划者才能在具体的工作实践中，灵活、准确、巧妙地发挥其策划能力。

（二）丰富的知识

新闻媒体是知识密集型单位，不仅新闻媒介的产品知识含量高，媒介单位的工作人员中知识分子的比重也比较大。所有策划和实施的过程，均以博大精深的知识为基础。知识的储备和积累对于新闻从业人员，尤其是新闻策划人员至关重要。只有新闻策划人员具备扎实的知识积累，才能具有洞察社会、透视事物本质的观察分析能力，才能更好地把握时机、灵活应变、科学决策。同时，还不能仅满足于当某一个领域的"专家"，还应该积极向别的领域拓展，掌握其他专业知识，努力做复合型人才。再者，策划人员比一般的编辑要具备更高的理论修养和业务能力。

（三）获取和处理信息的能力

新闻策划是一项既需要决策又需要设计工作。首先，策划者必须具有敏锐的观察力。对身边发生的事有敏锐的观察、分析和判断，发现其中的新闻价值和社会价值，才可能有效地开发和配置新闻资源，拿出技高一等的方案。敏锐的洞察力主要包括两个方面，一是敏锐的感知力，二是深刻的分析力。其次，策划人员每天都不可避免地要面对大量的信息，这需要具备科学处理信息的能力，才能在海量信息中准确辨别各类信息的真伪及其价值，发现具有新闻价值的素材和选题。同时，还必须迅速地作出决策，以保证选题的时效性，不误报道时机。

（四）组织管理能力

新闻媒介的策划主体通常还是媒介传播活动的组织者和管理者。因此，还需要策划人员具有良好的人际关系和较强的社会能力，懂得管理、善于用人，能够最大限度地调动参与者的积极性、创造性和主动精神，实现人员的合理搭配，在组织内部形成一种同心协力、团结合作的氛围。这样才能够合理地配置新闻资源，并有效地监控传播活动。同时，还应该纠正一个以往的观点，认为新闻策划的主体只能是媒体的上层领导。事实上，媒介组织中的基层工作人员也应该属于策划主体的范围，这样才能做到集思广益、使策划工作更加完善。

（五）良好的团队合作精神

任何人都处于一定的社会关系之中，不可能脱离这种社会关系所确定的社会组织而独立存在。新闻策划也同样如此，除了极个别的属于个人行为外，大都需要集体的力量来共同完成。新闻策划主体也应该是一个相对独立的社会组织，这个组织和一般的社会组织一样具有广泛性、多样性、人员构成的复杂性。由于不同层次的策划主体之间的地位、利益有别，故它们之间有时必然会出现不协调的矛盾。在策划某一方案时，必须把这些矛盾因素考虑进去。而作为一个新闻策划人员，在充分发挥个体积极性和创造性的同时，还应该具有团队意识和合作精神，尽量避免不必要的冲突和矛盾，使得整个策划组织最大化地发挥团队效应。

总之，一名优秀的编辑面对着纷繁复杂的新闻稿件时，必须具有一双慧眼，准确地对事件本身的价值、影响、原因和背景作出判断，挑选出有价值的新闻素材。成功的策划，能有效地将策划主体的主动性、创造性与读者的阅读需求结合起来。凸显策划者的意图，最优化地配置与最大化地占用新闻资源。

三、新闻策划的原则

新闻策划是一个复杂的过程，以发现和配置新闻传播资源为目标，需要以有效的方式才能取得最佳新闻传播效果。因此，在这个过程中，有一些原则是从业人员所应该遵守的，主要包括取信原则、预见性原则、创新原则、应变原则。

（一）取信原则

也可称之为实事求是原则，是指在新闻策划过程中要从事实出发，以事实说话，取信于受众。新闻报道是为了引导舆论，向广大受众传播信息，有着很强的社会责任感和使命感。时代和社会都需要策划，策划体现了媒体的主观能动性，但要摆正主观与客观的位置，不能为了一时的轰动效应或经济利益信口开河，弃事实于不顾。孙发友认为，新闻策划作为一种意识活动，其能动作用是有限的，因此新闻策划一定要符合客观事物的发展规律，一定要符合本体事实的本来面目，切不可故意按自己的意志去摆布新闻。弄虚作假，只会失信于民，没有了可信度、美誉度的新闻媒介很难想象会有什么未来。这就要求在新闻策划之前注重调查研究。与报纸的新闻策划有关的调查包括以下几个方面：报社生存状况和生存环境的调查；新闻生成环境的调查；兄弟媒体发展动向、新的举措的调查；对某一项具体策划效果的调查，另外还包括读者调查、专家调查等。如《北京青年报》在创办《青年周末》初期，就曾去北京的报摊进行了调查，看看什么样的报纸好卖，什么样的题材更吸引人，然后取得读者购报市场的经验样本，他们称之为"题材效应"。这仅是一个调查方向，其实，其中每一项都会影响到报纸的编辑方针、策划方向。

因此，新闻策划，归根结蒂只是一种手段，而非目的。一方面，调查研究不仅是策划前的必要步骤，决定报道内容、报道时机、报道结构或布局设计；另一方面，也是避免出现不符合事实的虚假新闻的有力举措。

特别提醒的是,随着我国媒介全面走向市场,时下还流行着一股新闻策划与商业策划联姻之风,商业单位为将自己推向市场,就借新闻媒介之力大造声势,而有些新闻媒介为了自身的利益和短期效益,将新闻报道策划变为不尊重客观事实的新闻炒作,损害国家和人民的长远利益。如果不坚持新闻策划与商业策划相分离的原则,媒介就会被商业集团所左右,就会陷入商家的策划陷阱,主动或被动地策划出种种有偿新闻、虚假新闻来。可见,取信原则应是新闻媒介以及界内从业人员所具有的基本原则。

(二) 预见性原则

"策划是针对未来要发生的事情作当前的决策",能够对将要发生的事情进行预见是策划的基础。新闻策划要具备敏锐的前瞻性。失去前瞻性,就无法在信息传播中抢得先机。传统的新闻报道所注重的是新近发生的事实,却忽视正在发生和将要发生的事实。然而,事态的发展是没有明显的分界线的,此事与彼事并不是一个个独立的状态,所以新闻编辑完全可以利用已经出现的蛛丝马迹寻求事态发展的趋势,对下一步将要做什么和怎么做进行事先的准备工作,并不失时机地报道。举例来说,一场台风暴雨过后,这是过去的事实(一般媒体都会加以报道),紧接着会发生一系列事情:如暴风雨会造成蔬菜鱼类大量减少,市场价格自然会有大幅度变动;暴风雨造成的道路公共设施的破坏,以及暴露出来的灾害隐患;政府会采取哪些应变措施,等等。在新闻报道中,策划人不仅要有发现新闻、洞察新闻事件走向的能力,还要对可能发生的有影响的新闻事件作出预测。

例如,一些报纸十分注重讣闻报道,一般都会提前预写社会各界名人的讣闻。2005年10月17日晚7时06分,巴金逝世,当晚9时《成都晚报》即推出了百版《巴金逝世号外》。如此快速地出版《巴金逝世号外》,正是因为《成都晚报》事先有相当充分的准备,才能够在如此短的时间内迅速作出反应。而又如《新民晚报》对2008年北京奥运会我国奥运军团首金的报道,媒体事先预测的杜丽的十米气步枪项目旁落,然而中午时分广东姑娘陈燮霞竟然稳稳举起212公斤重量,夺得48公斤级冠军,这是中国军团的首金。比赛结束已是中午,已经到了《新民晚报》截稿时间,然而下午拿到的《新民晚报》,不仅头版醒目位置做了报道,而且二版上还有比赛侧记,还有一篇非常难得的新闻关于陈燮霞成长经历的特别报道。这表明早在7月份该报已在为报道陈燮霞进行筹划,估计她很有可能在48公斤级上夺金,如果杜丽金牌旁落的话,显然中国的首金非她莫属了。正因为如此具有先见之明的准备,使得《新民晚报》赢得了第一时间抢先报道的机会。我们知道,当今媒体中,纸质媒体的时效性明显落后于电视、广播等其他媒体,但只要媒体具有预见性的眼光,并把工作做得细致、深入，照样可以采写出其他媒体所不及的具有时效性的报道。同时，报纸还可以发挥自身优势，报道一些比较耐读的深度报道。像上述这篇报道，能深入探寻陈燮霞的成功历程，这一切都归功于记者事前的策划，否则不会早在一个月前已做了这些材料上的准备。

但需要注意的是，在预见性基础上的带有超前性的决策，必须符合客观事物发展的规律，符合其本身所具备的条件许可范围，符合受众的心理承受能力，否则就会导致策划的失败。回顾1998年我国一些媒体对世界杯足球赛的报道，从中可得前车之鉴。近年来日渐升温的新闻竞争促使许多媒体利用一切可能会成为"卖点"的事件、活动策划报道，此次世足赛自然成为各家媒体的焦点所在。比赛期间，许多报纸都不惜篇幅大造声势，有的每天用4至6个版的规模进行报道，规模之大远超奥运会、亚运会。但结果却没取得预期的效果，很多在世足赛期间扩版的报纸发行量不升反跌。事后有人分析，世足赛中国连参加决赛的资格都没有，报纸却投入如此之大的热情，"报道规模是否合适？"这一结果实际上说明报道的策划者对于世足赛报道所潜在的新闻价值判断失误，对受众对此次比赛的心理反应，以及媒介围绕比赛可能产生的竞争局势缺乏准确的预见。

（三）创新原则

创新是新闻媒体在一轮轮竞争浪潮中得以存在的重要条件。特别是在媒体日益多元化、信息日益同源化、内容日益同质化的新形势下，纸质媒体要想在竞争激烈的新闻大战中高出一筹，就必须在继承以往经验和成功做法的基础上，勇于创新、善于创新，在创新中实现新的突破。人云亦云，亦步亦趋；因循守旧，不思改变；不求有功，但求无过，对策划来说都是一种致命伤。与传统的报纸编辑不同的是，新闻策划追求对传统报道观念、报道模式的突破和非常规行为，追求报道题材挖掘、主题开拓上有所突破，追求报道进程、版面安排上与众不同。

以《人民日报》2008年9月对"神七"飞行的报道为例。相对于原来对"神五"和"神六"的报道，《人民日报》这次的载人航天报道主要有四个方面的创新。首先是策划方式的创新，《人民日报》让教育、卫生、环保等其他专业组的同志也参与进来，对"神七"报道的方案献计献策，从而采纳了许多富有建设性的意见，将《特刊》从原来计划的两期增加为每天出一期，《特刊》的版次从后面的周刊版提前到前面的新闻版，从而大大提高了新闻报道的时效性和显著性。其次是采编机制的创新，从其他专业组抽调精兵强将，成立专门的编辑组，负责《特刊》的编辑工作，避免了采编一体的诸多弊端。同时，还对版面风格进行了创新，本次报道根据现代报纸"大标题、大照片、短文章"的版面风格，在《特刊》的编辑过程中，进行了大胆尝试：将每版的文字严格控制在5000字以内，删掉了较长篇幅的稿件，把保留稿件的篇幅压缩到最短；在标题制作上，力求短小、活泼、生动，如《神七，神气!》《骏马踏征程》《"我们安全回家了!"》等等，都做到了以少胜多、醒目传神；在图片处理上，优中选优、做大做亮，并尽可能多采用图表，使许多复杂的技术问题一目了然。由此，《特刊》的每个版面都做到了浓眉大眼、图（表）文并茂、清新夺目，富有现代气息。最后是稿件写作的创新。在"神七"的稿件采写中，无论是通讯还是消息、言论，《人民日报》都力创新视角、新手法、新文风，以求与众不同、推陈出新。本次报道的一大亮点就是推出了大量的独家报道：《对话神七航天员》《妻子眼里的航天员丈夫》《载人航天工程总指挥专访》《载人航天工程总设计师专访》《世界同行瞩目中国神七》……特别是翟志刚等三位航天员，在出征前和归来后两次应邀为本报签名题词（一次是："感谢人民日报读者对载人航天事业的关心和支持，我们将坚决完成党和人民交给的任务!"另一次为："感谢人民日报读者们的关心，祝愿美丽的祖国更加繁荣昌盛!"），更是极大地彰显了《人民日报》的权威性和影响力。而评论员文章《中国航天事业迈向新高度》和社论《飞天路上的壮丽凯歌》的写作，在构架上突破了程式化的老框框，在语言上力避老话、套话，文字清新活泼、内容新颖别致、篇幅短小精悍，赢得社内外的一致好评。

成功的策划必然具有自己的独特之处，太平实的策划只会使媒体迅速被淹没。

（四）应变原则

新闻策划是众多因素考虑下的产物，受社会政治、经济、文化因素的左右，也受如技术、人力、资金等媒介内部环境变化的影响。因此，新闻策划是一个动态的过程，一个策划方案的出台，也并不是一劳永逸的，它包含着很多的变量，随时都应该根据具体情况作出变动。这就要求新闻策划所形成的方案要有一定的弹性，特别是对于那些事件跨度大、涉及范围广的战役性报道，更要考虑到各种可能发生的意外情况，留有足够的余地，以免造成被动。而对于突发事件的报道，则需要媒体的编辑和记者能够在突发事件发生之后，迅速判断其新闻价值，并第一时间对报道选题、报道角度、报道方式、报道力量进行科学而周密的策划，快速形成强而有力的统筹策划核心，对报道进行统一调度，让报道有条不紊、有程序、有层次地向前推进。

第三节 新闻单元策划与设计

新闻单元，指的是媒介产品中那些以新闻为主要传播内容的部分，以报纸为例，包括报纸的要闻版和其他新闻版、新闻性的专版专刊。新闻单元策划主要包括，在媒介的整体定位的基础上，确定媒介的新闻编辑方针、确定新闻单元在媒介产品中所占的比重与规模、规划和设计新闻版面。实际上，新闻单元的策划是以内容为依托的一个形式策划，并且是一个持续进行的过程，适时而变。

一、新闻单元的位置和比重

新闻单元是媒介产品中以传播新闻为主要内容的那一部分，它是整个媒介产品中的一个有机组成的部分，并不能单独存在。所以，在对新闻单元进行设计时首先要确定它在整个媒介产品中所处的位置和比重。

以报纸为例，报纸的结构是由单元—版面—专栏—稿件几个层次构架成的。在这个构架中，新闻单元只是其中很重要的一个分支，主要担负着传播新闻信息，满足受众的新闻需求。不同的媒介往往根据各自的媒体定位对新闻单元的设置有不同的决策和设计。如1993年北京青年报编委会认为随着人们欣赏品位的提高，读者对高档次、严肃性新闻的需求将会有一次较大的提升，这是一个市场机会，于是就以这样的办刊宗旨推出了《新闻周刊》。

新闻单元在媒介产品中所处的位置和比重，具体包括新闻的版面总量，新闻版在报纸上的出现的位置、出版频率和出版的具体时间。对于这些内容的任何一项，都必须在有充分的市场依据和准确的预测下对新闻传播资源进行最佳配置和合理的设计，盲目效仿他人的成功案例，只会是东施效颦。同时，报纸的新闻单元在确立以后还可以根据具体情况做一些局部的调整。一些重大事件发生时，许多报纸会根据事件的重要性程度安排新闻的版面，增加新闻单元的版面比重或是推出特刊。如2008年9月25日至28日的"神七"飞行，从航天员出征到"神七"返回期间，《人民日报》每天推出两块版的《神七特刊》，以独家的内容、独特的视角、清新的文风和新颖的版面风格赢得了广大读者的好评。

随着新闻内容地位的不断提高，目前我国新闻媒介对于新闻单元的位置普遍比较重视，非新闻性的内容一般被置于"副刊"的位置，副刊由原来的主要是文艺副刊，渐变到出现一些专题性或专业性的副刊，如科普副刊、国际副刊，大多不强调新闻性。这一情况随着媒介产业的迅速发展，媒介产品规模的迅速扩大，改版扩版的流行，在某种程度上，变得更加严重。但还有一部分专刊专版，仍以新闻为依托，注重对社会现实生活的介入和贴近，选题讲究新闻价值和时效性，这种专版专刊既保持了原有副刊"自成一体"的版面特点，又兼具了新闻版的新闻特色。新闻性是报纸的根本特性，这是新闻单元策划时所应坚持的重要原则。

二、新闻单元各组成部分的设计

新闻单元在媒介产品中所处的位置和比重，决定了新闻单元在媒介产品中的整体形态。

在设定了这个整体形态后,还要对新闻单元中的每一个组成部分进行设计。这些组成部分具体包括:①新闻版面的职能分工和新闻版在报纸上出现的固定位置;②各新闻版面的总体设计,包括版面名称、报道对象、报道内容、报道形式和风格;③各新闻版面内容的细部设计,如新闻版内部的专栏的名称、报道对象、版面位置、报道内容等。这部分的策划同新闻媒介的整体策划是相互呼应的,如果偏离整体目标,可能导致缺乏统一,失去竞争优势。

新闻单元各组成部分的设计应注意以下几点。

(一) 把握好新闻单元在报纸中的地位和规模

新闻单元的主要功能是进行新闻信息传播,受众对新闻媒介的第一需要就是新闻的信息性服务,所以必须首先把握好新闻单元在报纸中所处的地位和规模。仍以前面所提到的改版一事为例,一些报纸在扩版时没有把握好所增版面和副刊的比重,造成增加的不具新闻性的副刊和广告反而胜于新闻版,使得报纸在新闻传播方面力度不够,削弱了报纸新闻信息传播的主功能。

(二) 合理设计新闻单元内部结构

如果将新闻单元看作一个整体的话,那新闻单元的各组成部分则是这个整体中的各个要素。新闻单元内部各要素只有互相补充,互相配合,才能达到整体结构的优化。但目前有一些报纸不能合理设计各个版面,不是新闻版与专版的内容重复,就是专版与专版之间缺乏明确的内容界定,结果导致不同的版面出现撞车现象,新闻雷同,甚至不同版面对同一问题见解不一,难以自圆其说,这严重影响了新闻传播的整体功效。同时,新闻单元内部结构的不合理,也不利于形成稳定的栏目风格,培养稳定的受众群。

(三) 保证新闻单元各部分风格的协调

媒体的整体风格是媒体各组成部分的风格的整体体现。有些报纸在改版时忽略了新闻单元整体风格的统一,没有一个统一的定位,具体表现为各版各自为政,风格迥异,如有的评论文章嬉笑怒骂,有的则语重心长,有的笔调粗放热烈,有的则清新隽永,这样的反差给新闻单元带来一种撕裂感,不利于整体形象的树立。

另外,还要保持新闻单元结构的相对稳定,变动过于频繁,会损害受众长期养成的对媒介的认同感和亲切感,不利于稳定受众队伍。

新闻版面策划主要有以下两个方面的原则。

首先是要坚持专版专刊的新闻性,因为新闻性是报纸的根本特性。

报纸头版是报纸重点经营的版面，既是最重要新闻的位置，也是体现报纸精神和报纸风格的版面，因此长期以来，尤其是党报和综合性日报，形成了重要会议、长篇新闻刊登头版的习惯，于是所有的重要会议都挤在一起，反而显示不出头版的突出性。因此，精选新闻、正确塑造版面强势成为头版的当务之急。

即使是实用类专版，如娱乐、体育、投资理财、股票、汽车等也都可做到具有新闻性特征，一方面要提供充足、可靠的信息，一方面要反应迅速、传播及时，这与报纸的新闻性要求是一致的。

其次是要闻版的创新。

长期以来，二版即要闻版一直没有受到足够的重视，内容和形式与一版相差不大，缺少特色，而且重要新闻已被集中在头版，留给二版的都是一些时效性差的、可读性不强的，因此，为避免二版内容的贫乏和形式的呆板，要为要闻版另寻出路。可以围绕同一问题，寻找与一版不同的角度进行报道，反映一些深层次的、边缘性的、较详细的东西；可以抓头条，通过提高头条深度使之成为二版龙头，吸引读者的注意力；也可以在形式上追求翻新，一组好照片有时就能起到意外的效果。

总的来说，新闻单元设计是媒介策划中非常重要的一个部分。它是一项具有全局性、层次性和持久性的系统工程，需要媒体策划人员有全局性的观念和视角，在媒介的整体系统下设计新闻单元，同时还需处理好整体—局部—细节等不同层次之间的关系，谨慎把握新闻单元的风格。当新闻单元的设计方案确立以后，还应该进行一段时间的试行和修正，根据客观情况作出局部的调整，不断地实现整体的最优化。当策划方案正式实施之后，应该在一定时间内保持稳定。因此说，媒介产品及其新闻单元策划是一个随媒介产品生产不断接受反馈、不断实现系统最优化的过程。

第四节　新闻报道的策划

一、新闻炒作与新闻策划的异同

20 世纪 90 年代中期以来，我国新闻理论界掀起了一场关于"新闻策划"的大讨论。经过几个回合的论战，专家、学者见仁见智，基本上肯定了"新闻报道活动是可以策划的"这一论点。然而，随着传媒市场竞争日趋激烈，20 世纪 90 年代中后期至今，新闻策划大有泛滥之势。一些媒体置新闻规律于不顾，盲目追求"卖点"，推出种种所谓的新闻策划，导致新闻炒作之风愈演愈烈。

诚然，新闻策划和新闻炒作有一定的联系，它们都是传播者在新闻传播流程中充分发挥主动性，对新闻报道活动的一种谋划和设计活动。随着传媒业的发展，各媒体之间以及媒体内部竞争激烈，受众需求成了媒体运营的出发点和目标指向。传播者必须考虑受众的需求，因而其主动意识必须体现在具体的新闻报道活动之中。在这个意义上，新闻策划和新闻炒作都是传播者主动适应现代传播环境的一种表现，但是，新闻炒作和新闻策划有着鲜明的界限。

新闻炒作，又称恶意炒作，是一种违背新闻报道必须真实、准确、公正的准则，不以客观存在的事实（包括各种事实要素、真相、本质与全貌等）为依据，采用夸大、歪曲或掩盖客观事实的某些因素，甚至捏造"事实"、杜撰情节、煽情鼓吹等非常规的表现手段，制造出轰动效应，为谋求媒体或个人的私利不惜损害公众与他人利益的恶意报道行为。新闻炒作与新闻策划之间的区别体现为以下三方面。

首先，新闻炒作和新闻策划在新闻题材的价值判断上迥然相异。新闻炒作在本质上是基于一种反常的新闻价值观，它在选材上往往偏重于社会新闻题材，流于"琐碎、细小、空泛"，新闻价值并不大。新闻策划一般是着眼于具有较大意义的题材，精心组织新闻报道活动，力求充分凸显其新闻价值。选材的差异直接导致了两者在组织报道上的不同。无论是报道社会生活方面的"软新闻"，还是一些题材重大的"硬新闻"，新闻策划都力求客观、准确、深刻。而新闻炒作在组织报道上往往惯用煽情手法，强调新闻的故事性、煽情性和表面性，经常不惜人力、物力和版面，连篇累牍地讲述一些鸡毛蒜皮的事，渲染大量无关题旨的细节。

其次，新闻炒作和新闻策划在活动客体的选择上有本质的区别。"新闻"一词从语义上来说包含三个层次：新闻事实、报道活动、新闻（产品）。辩证唯物主义认为，存在决定意识。新闻事实本身是一种客观存在，是第一性的，因而是不能随意策划的，否则就是"假事件"。而新闻本身，只能是客观、真实地反映客观世界的变动，也不能搞什么策划、创意。因此，新闻策划活动的客体是新闻报道活动，它是根据新闻价值，对报道活动的一种科学、合理的组织策划，是对新闻业务活动的创造性谋划，而新闻炒作有些是对报道活动有意的过度强化，违背了科学、合理的原则，有些则搞错了活动客体，强行"策划"属于第一层次的新闻事实，甚至不惜制造"新闻"，再连篇累牍地加以"追踪报道"，这种做法显然是有悖于新闻规律的。

最后，新闻炒作和新闻策划的目的和作用也完全不同。成功的新闻策划，能有效地将传播者的主动性和创造性与受众的需求结合起来，成为媒介竞争中有力的武器之一，它的目的在于"更好地配置与运用新闻资源,办出特色,取得最佳社会效益"。新闻炒作则不然,其最直观的目的就是"引起轰动",最终目的是获得最大限度的利润。它虽然可能在竞争伊始吸引部分受众,但从长远来看,由于不合理地配置新闻资源,使之背离了新闻价值规律,将极大地损害媒体的长期利益。而且由于其在选材上过于琐碎、无聊,形式上过于铺张,极易导致无效"新闻"泛滥,最终也将影响媒体美誉度,失去读者。此外,新闻炒作追求人为的轰动效应,容易与社会风气形成一种恶性互动,不利于社会主义精神文明建设。

通过上面的比较分析,我们可以得出如下结论:新闻炒作是新闻策划的一种异化,它是传播者对新闻报道活动的一种不恰当谋划和设计,本质上背离了新闻规律。当前一些媒体盲目追求所谓的"卖点",误以为"炒作"即"策划",实质上是对宝贵新闻资源的一种不合理配置。我们应当提倡新闻策划,反对新闻炒作。

二、新闻报道策划的主要类型

(一)以报道客体的发生状态作为分类标准

以报道客体的发生状态作为分类标准,新闻报道策划可分为可预见性报道策划和非可预见性报道策划两类。

1. 可预见性报道策划

可预见性报道策划是指对能够提前获知的事件性新闻和非事件性新闻的报道策划。卫星发射、奥运会等新闻事件或活动,纪念改革开放40周年等非事件性新闻等,都属于可预见的新闻报道内容,对这类新闻的报道策划可以提前进行。一些可预知的重要新闻事件,往往备受各新闻媒体瞩目,是媒体重点报道的对象,在这种情况下,媒体机构允其要通过新闻策划增加新闻的广度和深度,拿出"人无我有"的独家新闻。

2. 非可预见性报道策划

非可预见性报道策划是指对无法预见的突发事件的报道策划。地震、火灾、飞机失事、战争爆发等,都属于非可预见性的新闻报道内容。对这类新闻的报道策划一般无法提前进行,通常是在事件发生之后立即策划报道活动。

(二)以报道策划的运行时态作为分类标准

以报道策划的运行时态作为分类标准,新闻报道策划可分为周期性报道策划和非周期性报道策划两类。

1. 周期性报道策划

周期性报道策划也称常规新闻报道策划，是指媒体新闻采编部门对日常新闻报道的一种常规性策划，策划的时间具有周期性特点，如按季度、月、周等进行的报道策划，均属此类。周期性新闻报道策划对于媒介做好日常状态下的新闻报道，从而保证新闻产品质量的稳定，具有重要意义。

2. 非周期性报道策划

非周期性报道策划是指根据报道需要临时进行的报道策划，如对突发性新闻事件的报道，一般不可能提前纳入常规性的报道策划中，只有在事件发生之后立即策划报道，所以非周期性策划是周期性策划之外的一种应变策划。此外，一些重要活动、会议的报道，虽然可以提前准备，纳入周期性报道策划中，但由于报道内容非常重要，需要以长时间、大规模的报道战役来完成，有时也在周期性策划之外专门进行报道策划。

（三）以报道策划的运行方式作为分类标准

以报道策划的运行方式作为分类标准，新闻报道策划可分为独立型报道策划和联动型报道策划两类。

1. 独立型报道策划

独立型报道策划是指报道策划独立存在，与其他策划活动无关。报道策划者单纯对新闻事件的报道活动进行策划，并不介入到报道客体中。如报道国务院机构改革、人大政协会议召开、美国总统大选等，新闻媒介通常是站在旁观者的角度，进行客观报道，这种报道策划是独立运行的。

2. 联动型报道策划

联动型报道策划是指报道策划与其他策划有关联，并相互发生作用。如策划救助贫困学生的公益活动、策划宣传媒介的公关活动等，策划者同时还参与策划报道之外的其他活动，并且使这些活动成为报道客体，报道策划与活动策划"联动"，报道者身兼"报道者"与"当事人"双重角色。联动型报道策划是一种非独立存在的报道策划，由于报道客体是公关新闻策划的产物，新闻报道策划与公关新闻策划有紧密的联系。

（四）以报道策划成品在媒体上的聚合形态作为分类标准

以报道策划成品在媒体上的聚合形态作为分类标准，新闻报道策划可分为专题报道策划和单篇报道策划。

1. *专题报道策划*

专题报道策划是指媒体在相对集中的时间和版块内，运用大视角、大容量、深层次、多手法的报道形式，对某一新闻事件、特殊任务、现象或问题进行的专门策划，体现在媒体上是一组报道的组合。

2. *单篇报道策划*

在媒体上体现为单篇稿件。

三、加强新闻报道策划的必要性

（一）新闻报道策划是新闻传播由"传者本位"向"受者本位"变化的要求

当前国内媒体早已融入市场竞争，实行企业化管理，新闻媒体的采编播及其经营活动都被纳入市场体系之中，不可避免地受到市场机制的调节。市场化机制遵循优胜劣汰的法则，受众成为信息消费者，其需求成为媒体生存的基础。此外，随着科学技术的发展，新闻媒体的种类和数量在不断地增多，节目、信息日益多元化，受众选择媒体的范围不断扩大，他们的需求变得更为重要。因此，媒体的任何新闻策划必然以受众需求为方向和目的，尽量满足受众对特定信息的现实需要。与此同时，媒体还应有意识地创造受众需求，以创新的姿态主动激发潜在的需求。

（二）新闻报道策划是信息时代媒体赢得注意力的利器

美国学者迈克尔·戈德海伯1997年在《注意力购买者》一书中，提出了注意力就是金钱的论断。诺贝尔经济学奖得主赫伯特·西蒙也表达过类似观点，他认为在信息高度发达的社会，有价值的不是信息，而是注意力，所谓信息时代，实际上是信息过剩的时代，信息时代真正稀缺的资源是注意力。那么，如何赢得受众，吸引受众的注意力呢？众所周知，"抢先报道"是传统媒体吸引注意力的法宝，但科技发展使抢先变得既容易又不容易了，而且受众获取信息的途径日益多样化，对于受众而言，对事件的全面了解比早10秒、晚10秒知道更为重要。因此，抢先报道固然依旧重要，但如何作出"独特性"，就变得更为迫切——这就需要加强新闻策划，打造独家新闻和品牌栏目，提升媒体的影响力，在信息同质化时代突围而出，力争在竞争中立于不败之地。

（三）新闻报道策划是媒体彰显舆论引导力、扩大影响力的手段

对社会发展的引领作用既是新闻策划报道功能的应有之义，也是锻造媒体自身权威性

和影响力的必然要求。新闻策划报道应当利用一切可能和机会，彰显作为媒体人的责任和义务，营造出齐心协力的氛围，引导大众向既定的方向前进。2012年10月9日起，河南、湖北、安徽三省省级都市报——《大河报》《楚天都市报》《新安晚报》组织20人的采访队伍，进行了为期十多天的"三省联动·千里跃进大别山"的采访活动。这次活动经过精心策划，在党的十八大召开前夕推出，主旨在于深入报道在科学发展观的学习和实践过程中老区经济发展的新形象，反映大别山地区（相对贫困地区）老百姓的呼声。同时，将大别山连片开发上升为国家战略的必要性、紧迫性，用鲜活、生动的新闻事实展现出来。三家媒体都是发行量近百万的强势媒体，同时有网络版、手机App客户端、微博、微信等新媒体集群。这次采访，纸媒为龙头，新媒体矩阵全程参与，各种媒体提前出谋划策，采访后各自作出最佳新闻产品，同时互动融合，形成了舆论引导势头，产生了较大的社会影响力。

四、新闻报道策划应具备的意识

（一）全局意识

在经济全球化背景下，国际竞争开始国内化，国际市场的波澜起伏对国内市场的竞争态势会有深刻的影响。因此，传统意义上所谓国际新闻、国内新闻、时政新闻、经济新闻等泾渭分明的界限，在新的形势下已很大程度上变得模糊，国内的经济、科技乃至政治事件都与国际紧紧相连，新闻报道必须打破传统的条块限制和国内新闻习惯处理模式的限制，将视野投到全球。

（二）独家意识

"独家新闻"从字面上看，就是所谓一家媒体独家发布的新闻，但在信息技术发达、媒介竞争激烈的今天，人们对独家新闻的关注点已经从最初的时效性、独占性转向新闻报道本身所具有的深刻性和独特性，新闻的内在价值越来越成为独家新闻的重要内涵。独家新闻更重要的是强调一种质的规定性，即首先要是具有重大新闻价值、能够成为人们话题的事件，琐碎的新闻即使独家发布，也不构成真正意义上的独家新闻。因此，在现代传播活动面前，新闻媒介之间展开的所谓独家报道竞争，更多是以同源的新闻事件本身为依据，写出具有独特角度、独特见解、独特思考的新闻报道。这个层面的竞争，不能仅仅依据记者的日常采访写作，它往往已经突破了记者采写新闻的范畴，延伸到之前的新闻策划及之后的编辑等宏观领域，成为新闻媒体的一个系统工程。许多重大的、有深度的、多角度的独家新闻,是新闻媒介面对新闻事实精心策划、记者深入采写、编辑妙手配合的产物,是采编多方合作的成果。

(三)创新意识

新闻报道策划的性质和本质决定了这样一个规律:策划者的思维和能力会直接决定整个策划的成败。这就要求策划者必须具备活跃的创造性思维。所谓创造性思维,就是要实现"人无我有,人有我新,人新我优",即创造出前人没有提出的新的方法、构想、模型,得到新的发现,积累新的经验,进而将新闻策划的实践活动推向前进的思维模式。新闻报道策划中的创新依赖于创造性思维,任何一次成功的新闻报道策划,无不闪耀着创造性思维的智慧之光。如果一个媒体的策划人员不具备这样的思维能力,在进行新的报道策划时只会一味地按部就班,对直接或间接的经验进行简单的组合,没有"灵感的火花",就做不出好的策划,传播效果自然也就难有显著之处。

新闻策划中的创新作为,主要表现在内容与形式两方面:首先是谋求报道内容的新鲜深刻。新闻报道的内容是以事实为基础的,而事实是一种客观存在,是不能创新的,所以新闻报道策划中通过创新谋求报道内容的新鲜深刻,绝不是要新闻报道者去凭空臆想,无中生有地创造事实,而是要用新的视角观察和透视新闻事实,发掘蕴含在这一事实之中的新闻价值,或是通过新的整合使新闻事实中的价值得到更充分、更全面的展示。其次是谋求报道形式的新颖独到。在新闻报道中,形式作为内容的载体,对内容价值显示和实现的作用不可低估。同样的内容,若能别出心裁,找到一种独特巧妙、夺人眼目的形式,每每能使稿件增色,版面生辉。

(四)深度意识

写新闻稿件要有思想深度,表达的思想越新颖深刻,人们受到的启发就越大,就越能受到读者的欢迎。组织新闻报道策划,一般面对的是重要题材或重大事件,有的是系列文章,有的是几个甚至十几个版面,无论是从容量上还是分量上,都比单篇的新闻稿件重要得多,因而更要有思想深度,更注重思想开掘,要学会由表及里,层层深入,逐步推进,增强思想深度。

五、新闻专题报道的策划与组织

新闻专题报道,是指传媒在相对集中的时间和版块里,运用广视角、大容量、深层次、多手法的报道形式,对某一新闻事件、某一特殊人物、某一现象或某一问题进行的专门内容主题的揭示或研究报道。根据报道的特性和内容来分，大致有关于某一时期社会问题、社会现象、社会热点事件的战役性专题报道，如"东方之星"沉船事故专题报道、天津滨海新区爆炸事件专题报道等；有关于可以预见的、即将发生的令人瞩目和关心的事件的预测性专题报道，如奥运会专题报道；还有节假日、纪念日等特定专题报道等。在报道上大多采用消息、通讯、评论、图片、漫画等多种方式相配合。在新闻实践中常被提及的组合报道、连续报道、追踪报道、系列报道等，一般而言都可划入专题报道的范畴。新闻专题报道以聚焦式切入、全景化涵盖、多维度透视、整合式编排为特征，是新闻编辑策划中的一项重要内容，也是传媒铸造品牌形象、扩大社会影响、提升竞争实力的一种重要手段。

（一）专题报道策划的功能：凸显三种效应

专题报道之所以受到读者的欢迎，首先是随着我国改革开放的深入发展，社会生活日益多元化，新闻报道的领域不断开放、拓展，人们对丰富繁杂的社会生活可以进行多角度的思考和议论。于是，新闻专题报道应运而生，以大容量、大思考的姿态登台，受到人们的普遍欢迎。其次，高新科技的发展极大地丰富了新闻传播手段。随着网络新媒体时代的到来，新闻传播速度越来越快，频率越来越高，覆盖面越来越广，国内外发生的重大新闻几乎可以达到同步传送。但是人们对此并不满足，他们希望知道这些新闻背后发生的故事、揭示的问题、引起的思考等。每当即时新闻出现之后，人们就希望读到有关这些新闻的专题报道。另外，广大受众对发生在国内外的热点、难点问题普遍关心，这些问题在一则或几则简短的消息中难以承载，就为专题报道的发展提供了广阔的空间。

专题报道凸显了三种效应：聚合效应、强化效应、品牌效应。

1. 聚合效应

专题报道是一组具有共同指向的新闻的集合，围绕一个主题，紧扣一个焦点，整合新闻信息资源，进行高密集度和强渗透力的信息传播，体现"包容量大，形式手法丰富，主题性鲜明"的特色，是专题报道的突出特征。这就使得它的首要功能就是产生"1+1>2"的聚合效应。专题报道将"大"和"专"对接在一起，实现了报道厚度与深度的统一。一方面是信息容量的"大"，汇集了尽可能丰富的信息资源，详尽披露有关新闻事件的多种资讯，使报道更为真实、客观、全面；另一方面是信息指向的"专"，所有的信息都着力于一个焦点，深入挖掘新闻事件的本质和意义，使报道更为深入、透彻、权威。专题报道凭借大信息容量的优势对新闻事件实行"定向爆破式"报道方式，必然会对受众产生强大的辐射力与冲击波。同一般报道相比，专题报道是一种由多个声部和旋律组合而成的

"大合唱",所产生的声势浩大和气势磅礴的效果是一般报道所不具备的。

2. 强化效应

专题报道是媒体的"重武器",是媒体建立重大新闻快速反应和深化报道发布机制的重要载体,是满足受众对新闻信息深层次需求的重要形式,也是媒体推行品牌经营的重要方式。一方面,从题材的选择来看,专题报道的"兴奋点"常常都是社会关注程度极高的热点、重点、难点问题;另一方面,从专题报道所占据的媒体位置及分量来看,本身也构成一种信息,向受众提示和强调其重要性和显著性,引发足够的注意力。从这个意义上说,专题报道是传播学中"议程设置功能"理论的"显著性模式"的成功应用,即"媒介对少数议题的突出强调,会引起公众对这些议题的突出重视"。同样的新闻事件,采用了专题报道的方式,其新闻价值更容易得到拓展,其传播效果更容易得到强化。

3. 品牌效应

专题报道是媒介风格化和个性化的一种符号。专题报道的策划、运作和表现常常体现了媒介占有新闻信息资源和合理配置新闻信息资源的眼界与能力,是媒介创造性思维和创造性品格的直接显现。新闻竞争的深层次内涵说到底还是新闻媒介的存在价值即媒介影响力的竞争,而焦点则体现为对新闻产品数量与质量的竞争。数量意味着尽可能地向受众提供品种丰富的资讯产品,质量则标志着更大限度地开发满足受众不同需求的精品。只有好的产品质量才能保证把注意力转化为影响力,把受众对新闻的关注转化为对媒体的关注,使媒介的知名度、美誉度和权威性从总体上得到提升,形成品牌效应。

(二)专题报道策划的分类

1. 战役性报道策划

战役性报道策划是目前新闻策划中最常用的一种形式。战役性报道策划是一种阶段性的、宏观的报道策划,在版面上通常体现为一组重要的组合报道、连续报道或系列报道,其策划内容通常是社会生活中的重大事件、具有强烈时代精神的典型人物和典型经验、广大受众普遍关心的热点难点等重大报道题材。热点是一定社会阶段和一定社会环境下为受众所关注的问题或事件,发掘热点的一个重要原因是新闻发生的规律,重大新闻发生的频率具有不均衡性,新闻会出现淡季和旺季。一个新闻事件越显著越重要,其新闻价值越大,受众对此也越关注。所以,当一个时期新闻热点发生时,新闻编辑要抓住时机进行选题策划。

2. 可预见性新闻报道策划

一些新闻事件尽管尚未发生,但是可以预见,如两会、奥运会报道,这些是受众普遍关注的热点事件。对于这类重大题材，要以制订作战方案的姿态和心理去规划和布局，提前准备，提前部署，使报道在媒体的大片围攻中脱颖而出，更加突出本媒体的特征和优势。

可预见性新闻报道策划着眼的不是已发生的事实，而是事物的发展趋向、后果和未发生的事件，含有不确定性，因此它也不同于对必定发生事实的预先通告式的新闻即"预先性新闻"。在西方新闻界，预测性报道是从20世纪30年代起，伴随着解释性报道、调查性报道等深度报道的崛起，以及40年代未来学的兴起而诞生的一种新的报道方式。在中国预测性报道主要兴起于20世纪90年代后半期，以一些预测性新闻报道的专栏、专版出现为主要标志。

可预见性报道需要超前思维，超前思维要把握以下两点：一是了解现在，预测未来。大雨可能引起山洪暴发，低温冰冻可能引起路滑车辆难行，暖冬季节可能引起流感，农民工大量南下可能引起交通运力紧张，等等。对于这些每年或几年一次的自然、社会现象，只要我们了解了信息，掌握了变化发展的规律，就可能运用超前思维进行科学的预测，写出有新意的报道来。二是掌握趋势，把握未来。要科学地预测未来，仅靠了解现实是不够的，还必须对大量的现实材料进行研究和分析，找出其中带有规律性的东西，掌握其趋势。不论是自然界的气候、地理变化，还是社会领域的矛盾和战争爆发，都有一个征兆。正是这些带有规律性的事物发展趋势，可以使我们很好地把握未来，从而举一反三，作出优秀的可预见性新闻报道策划。

3. 特定日的报道策划

特定日的报道包括各种纪念日、节假日的报道，以及其他一些特殊意义日期如植树节、无烟日、防艾滋病日、各地区各城市重大节日活动等的报道。特定日的报道是新闻媒体报道的一个重要组成部分，也是凸显媒体报道策划水平的重要方面。特定日的报道策划，大体可分为三类：第一类是从历史的角度来策划特定日的报道，即遵循时间运动的轨迹，来反映一个过程，描述一种现象，揭示一个规律，讲清一个道理。这种报道，让人们从历史的回顾中看到未来发展的方向和前景，坚定信念、鼓舞士气，找到自己奋斗的目标。这一类策划以国庆日、建党日、解放日等相关报道策划居多。第二类是将时间因素融于空间之中，时空交错，在描述事件的过程中，更好地把握大势。如在高速公路开通日策划专题报道，对公路沿线城市的今昔巨变进行对比。第三类是不同人物的节日行踪报道，即选定一个特定的日子对有关人物进行寻访报道或对其工作、生活状态予以介绍。特定日报道策划的最大难点就在于这些日子很多是周期性重复的，如何不断出新是媒体策划者要时时思考的问题。对此，需要注意以下几点：其一，在内容上出新，即选择在这一时刻什么内容具有最强的代表性和吸引力;其二,在形式上出新,即用不同于往常的报道、写作和版面形式,将有新意的内容完美地表现出来;其三,未雨绸缪,要有提前量。只有提前做好准备,才能详尽地占有材料,在变化中掌握主动。

(三) 专题报道策划的操作:落实四个到位

专题报道的策划是一项极其复杂的系统工程,难度大、精度要求高。从组织性策划来说,要求体现协同性的特点,在媒体内部发扬团队精神,整合人力资源,形成信息传播的强势,运用各种手段提高系统运行效率。从实质性策划来看,专题报道的策划应努力做到四个到位:一是必读性到位,培育受众对媒介资讯的依赖性与忠诚度;二是贴近性到位,牢固树立受众本位的观念;三是引导性到位,推动代表人民群众根本利益的舆论上升为主导舆论;四是创新性到位,形成独特风格且别人无法取代的特色。

1. 必读性到位

实现必读性有两个条件:一方面着眼于题材的新颖性和社会性,选题能够最大限度地引发受众的关注,调动受众的兴趣,触动受众的"兴奋点"。题材的"新",是对媒介发现力的一种考验,要能够从大量的新闻资源中慧眼识宝,发现新价值极高的"富矿",进行全力的开掘。在进行专题报道选题时,要注意结合新闻传播主体的不同个性,找到最适合自己的选题及报道角度。另一方面则是资讯的不可替代性,向受众提供的是"人无我有,人有我优"的信息产品。建立在受众对新闻信息的认知度与满意度基础之上的必读性,是媒介形成核心受众群进而提升核心竞争力的重要因素。因为只有必读性才能培育受众产生对媒介资讯的依赖性和忠诚度,从而为报刊积聚"注意力"的宝贵资源,并形成坚实的营销基础。资讯的"精",是媒介整合力的一种显示,能够运用各种手段将新闻资源的含金量和品位展示出来,向受众提供强度、效度、新鲜度、保真度等各方面指标都能符合要求的足够的信息量,形成报道独特而强劲的支撑点。

2. 贴近性到位

新闻媒介就其所承担的社会责任而言,同时扮演着双重角色。一方面,它是党和政府的"发言人",要以党和政府的喉舌的定位,及时传达党和政府的法令、政策、指示、方针;另一方面,它又是人民群众的"代言人",要从人民群众根本利益的高度去充分反映群众的意愿,倾听群众的呼声。这两方面的结合点,就是新闻的"贴近性",即努力做到贴近实际、贴近生活、贴近群众。实现"三贴近"涉及媒介的组织创新、机制创新、运营模式的转变、报道重点的调整等诸多方面,但精髓还在于媒介应牢固树立受众本位的观念，要真正从受众需求的角度考虑媒介的报道能在多大程度上满足受众的需要，能够满足哪些受众的需要，满足受众哪些方面的需要，能否真正为受众提供具有鲜活感和冲击力的足够的信息量，能否为受众传所思，释所疑，解所惑，排所忧。在此基础上，媒介才能把体现党的意志和反映人民群众心声统一起来，把坚持正确的舆论导向和增强可读性统一起来。

3. 引导性到位

专题报道策划的另一着力点，应当是加强新闻舆论的引导性。在当代，无论哪种类型的媒体，都承担着类似的社会功能。所有媒体在把握舆论导向、提高报道质量、营造健康向上的舆论环境、增强社会的凝聚力与向心力方面都有着非常重要的作用。一方面，要加强对社会舆论的反映，使人民群众的各种舆论都能得到有效和理性表达；另一方面，则要对群众自发产生的舆论进行引导和疏导，推动代表人民群众根本利益的舆论上升为主导舆论。从方法上来说，主要是对积极有益的舆论予以推动、扶持和放大，对消极有害的舆论加以阻止、限制和转化，对可能存在副作用的舆论，如对批评性、暴露性舆论进行慎重的鉴别、分析和疏导。要通过调查研究，把握社情、民情、舆情，敏锐地观察人们社会心理的变化，梳理人们对当前热点、难点、疑点问题的看法，摸清人们心中存在的深层次思想认识问题，探索舆论引导的思路与对策。

4. 创新性到位

变革与创新是专题报道具有不竭活力的源泉，变则通，不变则滞。只有不断地变革，不断地调整，努力突破旧有的报道程式和思维方式，提升传播观念和认识水平，在变革中实现创新，才能保证新闻报道源源不断地产生舆论影响力。

从宏观角度看，专题报道的创新基于双重压力。

其一，在世界多极化、经济全球化、信息网络化的时代背景下，信息来源多元化的格局早已形成，传播语境的"碎片化"和话语权的阅众分享已成事实。传统媒介传播市场的份额在不断收缩，其话语权威和传播效能不断降低；新兴媒介的勃兴与活跃，传播通路的激增，海量信息的堆积以及表达意见的莫衷一是，这便是现阶段传播力量构建所面对的社会语境。就传播的影响力而言，以往依靠某一个（类）媒介的强势覆盖而"号令天下"的时代已经一去不复返了，主流媒体信息主渠道的地位正在面临严峻挑战，如果不能锐意革新，通过调整竞争策略、运作模式和报道形式向受众提供更多特色鲜明的个性化产品，就有可能被受众所抛弃。

其二，随着生活方式、工作方式、思维方式的变革，人们的信息消费方式以及对舆论的认知方式也在逐渐产生变化。人们已经不再停留在以局部的片面的视角与价值判断方式来处理信息，而更愿意发现和认识信息与发展趋势之间的必然联系；已不再习惯于以现成的概念体系与惯常的认知方式来解释新领域的新问题，而希望通过新闻报道全新的视角和全新的解读方式获得对事物本质更新的认识；已不再满足于仅仅从求知或好奇心理出发消费信息，而更愿意预测信息可能带给自己的机遇以及同自己相关利益之间的关系。面对这些压力，媒体在专题报道的策划中就一定要有创新意识，力求在诸如信息资源的开发和利用、重大新闻题材的透视与处理、读者心理的把握和回应、版面语言的表现和调度等一系列环节上形成独特风格且别人无法取代、无法遮蔽的特色。

要实现创新性到位，在具体实践中要避免模式化。程式可以简化人们认识和表达事物的过程，在一定程度上提高效率，但它可能产生的缺点就在于从形式上过滤了个性化，限制了创造力，因此要谨防把程式变为僵化的模式。目前部分专题报道对于一些程序性工作的报道有一定的模式化倾向，例如一些会议报道，除了会议名称、讲话者姓名以及讲话内容有些变化外，很多内容及表达形式都是如出一辙，缺乏新鲜感与活力。专题报道既具有丰厚的信息含量，又具有一定的思想容量，是二者的有机融合，但有些专题报道达不到这一点，体现为信息量不足、空话、套话较多，喜欢罗列数据，但缺乏对数据及新闻事实的分析，不能揭示事物的发展趋势及规律，有的虽有分析，但只是泛泛而谈，满足于"炒冷饭"，缺乏冲击力与穿透力。出现这些情况既与记者的素养有关，也与记者缺乏调查研究、缺少对事物的理性思考、缺少创新品格有关。

六、突发性事件新闻报道的策划与组织

突发性新闻往往具有强烈的震撼力，影响持久而深远，更能凸显新闻价值。受众是新闻信息实现的归宿，媒体在报道策划过程中要紧扣受众的关注点和需求点，在以正面宣传为主的原则下，坚持真实性与客观性，解决好"说什么"和"怎么说"两大主要问题。

（一）突发性事件新闻报道策划的必要性及原则

突发性事件是一种非可预见性事件。新中国成立后很长时间以来，我国媒体坚持"稳定压倒一切""团结稳定鼓劲"的舆论导向原则，"以正面报道为主"，只报道所谓的"正面的""典型的""主旋律"事件。对于以灾难性新闻为代表的重大突发事件报道则归于不利于维护社会稳定、无益于鼓舞和激励人们斗志和信心的"负面报道"，由于担心其引起社会混乱，危及社会稳定，抑或是有损政府形象，影响经济发展，而进行了相应的传播控制。

随着社会开放度的提高，特别是进入信息爆炸的网络新媒体时代以来，新的传播平台层出不穷，发布信息的方式多种多样，人际传播、大众传播和组织传播的界限日趋模糊。在信息全球化的今天，从技术手段讲，隐瞒重大突发事件几乎没有可能。在此传播环境下，政府对媒体的引导、媒体对消息的处置观念以及方式均有了很大的变化，两者在一些基本的观念方面已达成共识，即认为新闻媒体应该本着"服务人民"的宗旨，在处置突发事件中发挥监督、引导、调节、凝聚、提升的作用，从维护公民的知情权出发，及时、准确、公开地报道重大突发事件信息，使新闻媒体成为调适社会各系统动态平衡的协调器和促进社会进步的推动器。相反，"捂"着、"盖"着不报，则有可能危害国家安全，损害党和政府、媒体的形象。在突发事件发生时，媒体要有大局意识和全局眼光，对于何时报道、如何报道都要进行精心策划，坚持具体问题具体分析，既不拘泥于传统思维方式导致的过分谨慎，也不因过分强调独家报道价值而出现急功近利等问题。

具体来说，突发性事件中媒体的新闻报道策划需要遵循以下原则。

1. 及时性

突发事件往往新闻性强，众多媒体必然会展开同题竞争。想要在激烈的新闻竞争中脱颖而出，及时、快速的反应是基础。此外，心理学上"先入为主"的现象在新闻报道中同样存在，在信息全球化的今天，即使我们不报道，境外媒体也会以其理解和方式去报道。与其让他人抢先，使自己处于被动地位，还不如主动出击，赢得舆论引导权。要同境外媒体争夺舆论阵地，立政府的良好形象，就要在第一时间对突发事件进行精心策划、快速报道，以赢得受众，争取主动。

2. 应变性

突发事件事发突然，事态往往较复杂，随时间的流逝情况还可能会发生变化。媒体在策划报道时，应实时关注事件的最新发展变化，及时调整报道策略。在新闻实践中，不同媒体应对策略各不一样。传统报纸受出报时间限制，往往采取后押截稿时间，或者出版号外的形式处理突发事件。但报纸在深度和背景报道上的优势，即使在今天仍然无可替代。电视、广播拥有声画即时传播的优势，往往采取中断正常报道，以插播、字幕报道等方式报道突发事件，此后，还可以用不间断直播的方式，跟踪事件进展。而网络新媒体则可以更快捷地报道事件，并不断滚动报道事件的各个侧面。新闻编辑在应对突发事件时，应根据自身媒体特点，策划恰当的报道方案。

3. 综合性

突发事件报道较一般的报道难度更大，在策划报道中，需要媒体内部坚持协同作战，打破条条块块、领域分割，及时捕捉每天的新闻重点，通过集约化操作形成媒体每日的"拳头产品"。同时，充分调动各种传播手段，利用通讯、评论、配图、消息、摄影报道等多种新闻表现手法，并做到传统媒体与新媒体融合放大、线上线下同步互动，使报道立体化、多样化。

4. 谨慎性

媒体在进行策划报道时，应尊重突发事件的报道规律。当前大多数突发灾难事件可以公开报道，而且要急报快报，尽早让受众、政府知道，以便提早关注、决定对策，这也是媒体充分尊重新闻规律、保证受众知情权的具体体现。而当有些灾难事件事关重大，情况暂时不明时，媒体在事件发生初期不可过于冲动，要有大局意识和全局眼光，谨慎报道和发表言论，防止矛盾激化。对涉及国家安全、国家机密以及可能引发社会恐慌情绪和不安心理的突发事件，可以用内参的形式反映；对于暂时没有完全调查清楚的灾难事故，可先发简讯，再做后续报道。总之，媒体要站在国家利益和人民利益的高度，而不是站在事发当地领导和责任人立场上去决定报道的角度和取舍。

（二）突发性事件新闻报道的策划方法

1. 组建灵敏的信息网，及时发现、获取信源并给予恰当处理

在不同类型的突发事件中，除了地震、暴风雪、洪水等自然灾害外，绝大多数突发事件都不是记者首先发现的。尤其是发生在晚间、节假日的突发事件，媒体得到的往往是二手、三手信息了。因此，媒体要及时获知信息，外力的支援是必不可少的。就目前而言，有几种外力可借用：一是在铁路、民航、学校、医院、消防等敏感单位聘请信息员；二是动员记者的亲属、朋友和其他社会关系（包括其他媒体单位的记者、编辑）；三是有效吸引报料人提供线索。此外，记者还应该保持高度的新闻敏感，时刻关注微博、微信、网络论坛、网络社区上的各种信息，对重要线索能够及时发现、获取信源并给予恰当处理。

2. 全面互动，充分发挥媒体团队合作精神，做深做透突发事件报道

报道突发新闻事件，由于时间紧迫、事件情节复杂，众多细节、背景因素尚待挖掘核实，除了依靠记者个人力量外，还需充分发挥团队合作精神，实现媒体内部不同部门的全面互动，以确保报道的细致深入。2006年10月，34名湖北大学师生实习归来途中，所乘客车在通山县九宫山风景名胜区内坠入山谷，导致2名大学生死亡，4人重伤，15人轻伤。《长江商报》针对这一突发事件所做的报道《客车载34名大学师生坠谷》，体现出了以下特点：信息全面，包括事件起因、伤情、被救者的回忆、政府救助措施及过程以及死者名单等都无一遗漏；文章结构十分清晰，突发危机事件按时间发展顺序叙述；报道视角较广，不仅对灾难事件本身进行记录，还对被救者和遇难者家属的情感世界进行了深度挖掘。这篇新闻即是团队充分合作的产物，其团队互动过程大致如下：接线员接到客车坠谷的线索后立即上报给采访中心主任，采访中心主任随即组织策划组制订策划方案，然后根据策划方案迅速分配任务。随后，在定版会上，采访中心的领导与编辑中心的领导商讨，各编辑听取意见，编辑中心主任最终确定版面。报社的前方和后方连成一个整体，分工明确，协同作战，才有了对这次突发事件的综合报道。

3. *注重策划质量，纵向挖掘，横向拓展，提升突发事件报道的新闻价值*

纵向挖掘主要指对整个事件的回顾和时间上的跟进；2015 年 6 月 1 日晚，从南京驶往重庆的"东方之星"游轮途中突遇罕见强对流天气，在长江中游湖北监利水域沉没。事故发生时轮船上共有 454 人，后成功获救 12 人，遇难 442 人。事故救援期间，《湖北日报》《楚天都市报》等发起了"监利沉船事故滚动直播"等话题，为焦急等待的遇难者家属发布寻人信息，通报获救者身份信息。湖北当地其他媒体迅速赶赴现场，调动文字、图片、视频等手段，通过各种渠道对现场情况进行直播。《楚天都市报》还动用了航拍手段，对事件现场进行全景式扫描。

横向拓展即指挖掘新闻事件不同侧面或发掘历史上的同类新闻。对于"东方之星"沉船事件的报道，《长江商报》没有简单转发新华社通稿，而是对转发的新闻进行深加工，还在报道末尾做了一个链接，介绍近年来类似的沉船事件，拓展了报道广度。这种把个案放在整体中考虑的做法，不仅体现出这类事件的普遍性和重要性，引起受众广泛关注、联想与反省，也有效地提升了突发事件报道的新闻价值。

七、常规新闻报道的策划与组织

对于常规新闻的精心策划，可以极大提升报道品质，扩大媒体的影响力、表现力和竞争力，锻炼编辑、记者队伍。常规新闻报道的策划与组织包括许多方面，以下以较具代表性的栏目主题策划、媒体联动报道策划和会议报道策划为例来进行说明。

（一）栏目主题策划

对于任何栏目而言，要想始终保持影响力，除了做好常规性选题以外，每隔一段时间，还应围绕近期国家、社会生活中的舆论热点、社会热点、文化热点以及媒体将要宣传、报道的重点，在准确把握受众心理的基础上，进行一些有意识的选题（话题）策划，有计划、有目的地推出一批精心制作的重头报道与评论，在动态新闻追踪和重点关注之间实现平衡，塑造这段时间的舆论焦点，从而有效地引导受众关注的视线，树立和巩固栏目在受众心目中意见领袖的权威地位，并全方位展示栏目的风格和个性。

2013年初，"浙江各地哪里的河流还能下水游泳"成为浙江省内外百姓热议的话题。2013年4月，浙江在全省各地广泛开展以"清理河道、清洁乡村"为主要内容的"双清行动"。凭着敏锐的新闻嗅觉，浙江卫视新闻中心提前策划，迅速行动，在《浙江新闻联播》中重磅推出《寻找可游泳的河》大型新闻行动。

该系列报道以"清清河水，共同呵护"为主题，通过街头采访抛出话题，继而沿着"挖掘河道污染深层次原因—提出解决污染问题的办法—促使政府部门拿出整治措施—倒闭企业转型升级"的逻辑层层推进，通过记者的调查、对权威数据的搜集和论证，真实记录了浙江大大小小受到各种污染的河流，将它们毫无保留地呈现给全国观众。《寻找可游泳的河》不但在民间引起广泛共鸣，还受到浙江省领导高度重视。

（二）媒体联动报道策划

日常新闻的媒体联动报道既包括不同媒体之间的相互配合，也包括同一媒体（集团）内部的互动协作，这里主要指后一种方式。在当前新闻界强调全媒体转型的过程中，新闻报道策划的特殊性首先体现在新闻呈现形态的多媒体化和发布终端的多元化上。这意味着针对同一内容的报道媒体的联动报道策划理应成为常态。

以凤凰传媒集团对莫言获2012年诺贝尔文学奖的报道为例。在预热或发布期，凤凰传媒微博群中的"凤凰读书"从8月底即展开此话题的预热报道，推出莫言能否获奖的各行业预测和讨论。当瑞典诺贝尔委员会宣布莫言获得诺贝尔文学奖后，凤凰传媒对其的报道进入第一个高峰期。此时，不同媒体结合媒介传播特性，运用多元化的视角和多样化的表达方式对事件进行了整合报道。微博平台突出其快捷互动，当晚即对此新闻进行集中发布；官网突出其大容量和多维视野，次日刊出网络专题；电视节目则突出其影像感染力和深度思考，播送一系列访谈和评论节目：三种媒介平台就同一事件的报道形成共振。颁奖典礼后，媒体报道又进入第二个高峰期：微博集中报道领奖行程，电视资讯节目和时事访谈评论节目也对之进行相应报道，网站推出"受奖"专题。三种媒介平台之间内容相互嵌入，如微博内容中对网站和电视台内容的引介，微博提供网站报道链接，网站将受奖感言的视频以"微视频"形式"打碎"刊发，电视节目在话题选择和操作中对网民关注热点进行剖析。

（三）会议报道策划

会议是新闻的"富矿"，但不是露天的"矿"，有价值的会议新闻常常被一层厚厚的会议程式所包裹，需要记者睁大敏锐的双眼，才能把隐藏的新闻"挖"出来。会议报道的策划需要注意以下几个问题。

重视议题构建。对于会议报道而言，把握报道重点十分关键。议题选择能够帮助受众对会议的重点内容进行解读，从而便于民众了解会议精神，并参与到与切身利益相关的讨论中。议题选择不可盲目，要对会议的整体进程进行全局性把控，选择与民众切身利益相关的内容，同时还要符合本媒体的定位。

第二，重视内容编排整合。可以采取的方式有："链接"会议相关新闻，即从不同角度或采用不同体裁对主打消息进行充实，进一步整合新闻内容，配套刊发有关背景材料、相关新闻、相关评论等，使会议报道分中有合，合中有分；借鉴权威主流媒体报道方式，对重要会议进行分解报道。对每年的两会等会议的报道，新华社和《人民日报》等媒体均能认真做好程序报道的解读工作，对群众关心的新闻点及国家的政策法规等进行解疑释惑。如人民网策划的"我有问题问总理"专题，设置了"住有所居""老有所养""病有所医""教育改革""精准扶贫""食品安全""一带一路""外交军事""生态环保"等9个专题，发动民众向总理提问。这一专题获得了非常好的传播效果。

第三，创新报道形式。会议新闻报道是各级媒体重要的新闻来源，但其关注度往往不如社会新闻。对此，可以尽量通过丰富多样的表现形式来吸引受众的注意。同时，对于新媒体而言，还可以利用强大的信息收集能力，对会议的细节进行全面的报道，避免"就会议写会议"，力求发现会议中的精彩细节。如网易新闻客户端在2016年两会专题中设置的"独家策划"栏目中，除了利用其擅长的图片新闻的报道模式外，在《一分钟看懂今年政府怎么花钱》的报道中，就使用时下流行的HTML5（H5）的形式进行数据新闻报道。而央视新闻客户端则利用微视频与图文报道相结合的形式，用视频展示现场，用图文深化理解。

第四，注重交流互动。尤其是对于新媒体而言，应为受众提供优质的互动体验，加强对舆论的引导和对意见的整合。互动的方式包括设置评论栏、"直播连线"专栏、投票栏，引导转发、点赞行为等方式，通过各种巧妙的互动设计提高受众参与讨论的积极程度。2017年两会期间，《人民日报》锐意革新，推出了游戏型H5互动融媒体产品，如开幕前推出的《2017两会"入场券"》，融合抢票抽奖、在线选座等元素，使用户通过移动端观看全国人大开幕式直播。除此之外，《人民日报》还推出《厉害了，word检察官！》《我的两会秘密花园》《从严治党知识PK》《我们给总书记寄明信片》等多个游戏互动类H5产品，反响十分热烈。

思考与练习

1. 什么是新闻策划？
2. 新闻策划有哪些类型？
3. 新闻策划与新闻炒作有什么区别？
4. 如何做好专题新闻报道策划？

第六章 新闻编辑与策划的实践

学习目标

1. 了解什么是重要新闻。
2. 掌握各类特色新闻的功能。
3. 了解网络新闻、移动媒体新闻的编辑。
4. 了解不同新闻编辑的区别。

第一节 重要新闻版面编辑

一、什么叫重要新闻

重要新闻简称"要闻",简单来说,就是人们普遍关心的重大新闻。报纸的要闻版是报纸若干版面中最重要的一个版面,用以刊登重要的新闻或评论等。重要新闻具有普遍性、重大性、统领性,以区别于专门类别的社会新闻、国内新闻、国际新闻、文化新闻、体育新闻等,值得注意的是当专门类别的社会新闻、国际国内新闻、文化体育新闻达到一定重大程度时,又可升格为"要闻"。

狭义的要闻主要指时政新闻,即国家(以及城市)政治生活中新近或正在发生的事实的报道,主要表现为政党、社会集团、社会势力在处理国家生活和国际关系方面的方针、政策和活动。时政新闻作为要闻,是由政治关系在社会生活中的重要性决定的。

广义的要闻则包括与人们切身利益有关或人们普遍感兴趣的新闻,包括时政新闻、城建新闻、民生新闻、教育新闻、交通新闻等。

二、头版制作

头版又称"封面版",是当天最重要新闻的集中展示地。无论国内还是国外,每一家报纸都把头版置于最重要的地位,极度重视头版的内容选择和形式表达。头版不仅要承载当天最重要的新闻,也需要导读当天整张报纸最精华的部分。报纸的头版是一张报纸的综合表现,表达这张报纸的态度、品质、形态。如果说报纸内版做得好与不好是局部的、可以进行补偿的,头版的好与不好则是整体性、决定性的,这就决定了每张报纸的编辑都必须打起十二分精神对待头版。

(一)头版的构成

1. 报头

报头是指报纸眉线上方所印的文字,包括报名、刊号、出版日期、版面内容标识等。有的报纸报眉布局是眉线上方正中是报名;眉线上方的一端是当天报纸的出版日期、版次。有的报纸没有眉线,而是在版心上方靠近报纸折缝的一端放置版面内容标识,另一端置一短线,线上为报名、出版日期、版次。

2. 报脚

顾名思义就是报纸脚线下方所印的文字,有的报纸报脚什么内容都没有,但有的报纸会在报脚的区域印上报社各部门的联系电话、读者服务热线、广告许可证、邮编、地址、售价等。

3. 报眼

横排的报纸,报头(报名)通常在左上角,报头右侧的小区域就是报眼。报眼的位置十分醒目,经常用来刊登本报当日内容提要,重要的简明新闻或图片,也常用来登广告。

(二)头版编辑的工作

头版编辑是一个特殊的岗位,要求其具有出色的政治把关意识、新闻判断能力以及全局意识。

一位头版编辑的一天通常从下午3点开始,直至凌晨2~3点结束。如果说普通编辑只需要对当天自己版面上的几条稿件负责,头版编辑则需要对当天所有的稿件负责。整体来讲,一版编辑要经过看稿、选稿、做版、校对四道流程。

所谓看稿,即对当天发生的新闻要做到心中有数、心中有谱、准确判断。头版编辑上班后，首先需要从报社内网接收新华社、《中国日报》等稿件的渠道逐一阅读所有稿件；现在商业网站的新闻信息更新也非常快，渠道也更加多样化，这也是头版编辑不可忽略的一个"新闻海洋"；此外，当天出版的晚报类报纸（通常在当天中午12点以后出版）时常拥有一些独家稿件，这也是头版编辑看稿的来源之一。看完这几个渠道稿件，基本上对当天国内国际发生的重要新闻就心中有数了。

接下来，头版编辑要参加报社的编前会（这是报社各个采访部门向编辑部门报告当天所有稿件的一个会议），对当天报社自采的新闻（包括报社内部的策划）进行深入了解。看完国内、国际、本地（包括文化体育）新闻后，看稿的程序才算基本完成。值得一提的是，看稿不是看完就完。时间不断向前、新闻不断发生，看稿是贯穿整个工作日的一项工作，直至截稿的前一刻。

如果说看稿是一项"体力劳动"，那么选稿和做版相对来讲更是"脑力劳动"。对于一张报纸而言，版面是珍贵的，也是有限的。以目前最大的开本报纸为例，一个版面能刊发的字数也就7000字左右，若头版是导读版，刊发的字数则更少，约2000字。有限的版面只能选择有限的稿件进行表达，这就体现了选稿的重要性。一张报纸的头版通常由头条（即头版头条）、报眼、看点（头条之外的视觉重心）、小看点、边栏构成。这意味着，即使当天你看的稿件有数百甚至上千条，最终能在头版上呈现也不过数条。从上千条稿件中选出数条稿件的过程即所谓"选稿"。

在这里，我们以《成都商报》的头版为例，简述头版头条的选稿规则：

第一，重要的党政会议、领导人活动。比如党的十八届三中全会召开、全国"两会"召开、中国国家主席会见美国总统等。

第二，中央及部委的会议、文件，对读者的生活产生深远影响的。比如人社部出台新规将新农保和城居保进行合并接轨、教育部宣布高考改革、公务员薪酬制度调整等。

第三，本地党政会议、领导活动及重大政策改革等，如四川省委关于贯彻落实十八届三中全会全面深化改革的决定、（成都）财富论坛开幕等。

第四，报纸内部的重要策划、活动等。如《成都商报》策划的"成都好医生评选"，《华西都市报》策划的"聚焦成都平原经济区"，这些活动在推出、高潮、结束等节点都可以作为头条的选择。

第五，与市民生活息息相关、市民广泛感兴趣的天气、节气，以及城市建设类新闻。比如某天可以欣赏罕见的红月亮、全城气温骤降10度、某条城区主干道整修绕行等。

第六，服务类策划稿件。如全城公共体育场所开放时间表、全程游泳池开放攻略、秋天赏红叶去哪儿等。

第七，报纸独家的、视角的、深度的稿件。如对话厉以宁、一个艾滋病人的独白等。

值得一提的是，头版头条的选择标准并非一成不变的，它会根据报纸所处的政治环境、报纸的个性风格而不同。头版的稿件选择中，头条是最难的一个环节，因此不少报社都由总编辑（或副总编辑、编委）牵头的一个小组充分讨论，集体决定最终头条，头版编辑则需要提出备选头条稿件、参与讨论。头条选择完毕，看点相对简单一些，通常是选择相对头条次重要的稿件，在重要性不足时，看点也可以选择一些可读性强、好看的稿件。就重要性而言，基本遵循头条>看点>小看点>边栏的递减规则。报眼是相对特殊的一个位置，它的重要性介于头条和看点之间，通常用于刊发一些意义重要，但是与读者的生活关联度稍微欠缺一点的稿件。

确定好一版的稿件后，就是做版时间。我们在前面谈及要闻编辑的工作时，已对做版有所了解，如果头版是新闻版，那么它在做版上与普通要闻版面差别不大，而如果头版是导读版，则要求编辑对新闻进行更多提炼：由于不刊发详细稿件，编辑需要将一条新闻以提要的方式呈现给读者。

这里讲一下提要的制作原则。

第一，简洁明了。抓住新闻最重要的要素，通过合适的编排组合，吸引读者阅读。

第二，强调动态。避免整个句子中没有动词，要动态地讲述新闻。

第三，尽量避免被动语态。多使用主动语态，少出现"的""了"之类的无效信息。

第四，宜短不宜长。准确地提炼出新闻新在哪里、变化在哪里，紧扣事件的最新进展。

第五，提要即艺术，要抢眼精妙。可以以简洁精巧的文字设置悬念，紧扣新闻要素又不面面俱到，吸引读者带悬念阅读。

第六，整齐美观，具备形式感。如果一个新闻需要制作多行提要，提要可以尽力制作成相同字数、设置成相同字体、相同颜色，达到视觉上的美观。

第七，切忌不准确、夸张、媚俗。不要使用夸张媚俗的语言制作提要，不要制作让人看不懂的比喻，不要没来由的"标新立异"。提要之外，图片选择也很重要，要求具备新闻性、动态、有冲击力、有艺术美感。

在编辑流程里，校对是一个专业的岗位，即对版面文字进行校正的员工。我们这里谈到头版编辑的校对工作，则不止限于对文字进行校正，更代表一种把关能力。它大到对稿件政治性的把握、对新闻真实性的核实、对稿件刊登效果的预测等，小到对报眉报脚日期的核对、对图片每一个像素的审阅。这种能力很难通过短时间经验总结获得，它需要在实践过程中不断积累和完善。

三、要闻特刊制作

（一）基础理论

重大新闻发生时推出特刊，是综合性日报在读者阅读需求不断增长、新闻竞争加剧、报纸走向市场化的产物。报纸以特刊的形式对重大新闻进行报道，成为一种普遍的现象。与此同时，特刊也成为满足读者对重大新闻多重需求的重要媒介。

要闻特刊必须兼具新闻性、时效性、策划性，围绕重大新闻、重要节日、社会热点策划特刊，是一张报纸能力的展现，它既能为报纸带来社会效益（树立口碑、品牌），也能为报纸带来经济效益（提高阅读率，拉升广告价值）。由于综合性日报以24小时为单位出版，制作特刊，尤其是突发性重要新闻特刊，留给采编人员的时间非常有限，因此特刊的制作一般由报纸内部临时组建一个跨部门的工作团队来完成，要闻特刊一般以两个版面为起点，根据新闻大小、内容丰富程度向4个版、8个版……不断扩展。"大版面轰炸"可能是特刊给读者的第一印象，在同一个报摊，厚薄不一的报纸一摆，读者出于本能的需求自然会选择更厚的报纸。更多的版面自然可以承载更多的内容，同时意味着更高昂的采编和印刷成本，这就需要报纸管理者从整体的层面进行取舍。

在报纸自身竞争激烈、新媒体挑战来势汹汹的环境中，综合性日报特刊的推出越来越频繁。每到重大纪念日、重大新闻，甚至重要客户宣传策划，报纸都会推出特刊。

（二）什么是特刊

特刊是报纸为纪念某一节日、事件、人物等而编辑的一组版面，如"国庆"特刊、"香港回归十周年"特刊、"人类探测器首次登陆火星"特刊等。

美国期刊编辑联合会评选的"美国期刊奖"最佳特刊奖（Single-TopicIssue）的颁奖说明指出：特刊指的是杂志针对某一个重大话题，打破正常的栏目设置，整本杂志都探讨此话题。获奖者必须"内容全面、透视精准、充满了对该话题的想象力和选题把握能力"。事实上亦有人提出，特刊的涌现是报纸"杂志化"的集中表现。在更强调新闻性与时效性之外，报纸特刊与杂志特刊在形式和内容上已经比较接近。

一是整组版面围绕固定的主题。主题选择合适是特刊成功的第一步。特刊主题选择的过程也是特刊所表达事件的挑选过程，需要符合双重要求：具有新闻价值，在当下的时代具有重要影响力，事件本身能够吸引读者广泛的注意力；舆论导向正确，符合新闻报道的大局。

二是具备一定的版面数量规模，最好是单独成叠。特刊可以根据实际情况灵活调整版面设置。通常情况下，4个版面是特刊较好的设置，但不应将版面固定限制在4个版。版面数量应根据事件影响和读者关注度进行扩展。

三是形式上与整张报纸的其他版面有区别，应该有专门的栏题与Logo。特刊本身是一个完美的报纸品牌，兼具重磅的主题事件、高质量的新闻结构。打造这样的品牌，需要具备独特的视觉吸引力，专门的栏题与Logo让特刊作为一种形式与主报联成一个整体为读者熟悉认知并形成美誉度。

四是内容上要求有广度、有深度、有创新性。特刊对主题事件进行合理引导，发掘最大的新闻价值，强化报纸对主流人群的影响力，对受众认知重大事件起引导和指导作用；读者需求要求特刊具备广度，议程设置功能要求特刊具备深度，新闻竞争则要求特刊具备创新性。

第二节　新闻专刊与副刊编辑

一、新闻专刊编辑

专刊是报纸上用文章形式深入阐释新闻事件和社会热点，阐发理论见解，介绍各种知识的固定版面，一般有刊名。

（一）专刊的类型

按照选材范围、题材性质、内容配置的结构方式以及表现方法的综合因素分类，专刊有新闻性专刊、学术性专刊、服务性专刊和社会性专刊等。

新闻性专刊，指的是对某一领域的重要新闻事件或热点问题提供背景解释、深入剖析的专刊。它侧重从事实方面对现实生活所发生的变动提供解释和剖析，不同于新闻版对新闻所作的简洁、迅速的报告。只要是出于阐释、剖析的需要，古今中外所发生的事实均可在选用之列。现在一些报纸在经济、科教、政法、军事、文化等各领域中往往辟有这类专刊。文字丰实，新闻性、阐释性比较强。

学术性专刊，指的是探讨各类学术和理论问题的专刊。它偏重从理论上对社会和业界普遍关注的问题进行研讨和剖析，阐发对人类未知领域的新见解，传播科学前沿的新知识，知识性、思辨性、探索性和争鸣性都比较强。

服务性专刊，指的是为读者提供各类服务性信息和知识的专刊。它偏重从实用性方面提供有关衣食住行、吃喝玩乐、卫生保健、求学就业、交友择偶等方面的信息与相关的知识。实用性强，是它的重要特点。

社会性专刊，指的是以观察社会、探索人生为主要内容的专刊。它以生动的事例和深刻的哲理，着重从品德修养方面探讨人生的真谛，探讨人间应该有什么样的亲情、友情和爱情。教化性和情感性都比较强，是这类专刊的显著特点。

（二）经营性专刊编辑

报纸经营性专刊的创办和普及是广告经营创新的一种模式。所谓经营性专刊，是一种以市场为导向，以消费者为中心，以行业为基础，以赢利为最终目的，将行业新闻与广告进行有机融合集中的报纸传播形式。

经营性专刊编辑的特点如下。

1. 新闻性。

和普通的经济新闻主导面一样，新闻性是经营性专刊编辑的重要特点之一，经营性专刊的着力点是为读者报道新闻背后的新闻，更强调对信息的"澄清"和"解惑"。从所提问题的前瞻、所搜集资料的代表性、分析问题的深刻性等方面来讲，经营性专刊相比经济新闻更为专业和深入。经营性专刊由于具有版面优势，有大量的空间可以做深度新闻，因而更注重内容的纵深拓展，填补的是经济新闻版为抢时效而留下的深度新闻空间。

2. 服务性。

经营性专刊乃是报纸服务功能的一种集中体现。其服务性既体现在对读者的服务上，也体现在对商家企业的服务上，需要指出的是这种双重服务并非一种并列关系，而是一种递进关系，也可以说是一种因果关系，服务读者是因，服务商家企业为果。因此，编辑经营性专刊，要对读者的服务做到位，培养起忠实的读者群，商家企业投放的广告才能有效传递给受众，从而扩大经营性专刊对广告主的吸引力，形成良好的互动。

3. 新闻性与服务性的关系。

现代"新闻纸"追求公信力至上，经营性专刊编辑必须兼顾新闻的真实准确和为读者服务的原则。这就要求经营性专刊即使是在写关于企业的宣传报道，也不应当具有利益倾向性，应该站在公平、公正、客观的角度阐述事物本身。经营性专刊既要站在市场、行业的立场进行新闻报道，不偏不倚，又要善于把握读者的需求，想方设法用新闻的方式引导消费市场。简言之，经营性专刊必须借助新闻和经营手段把行业读者的需求融合在一起，确保读者的利益。

二、副刊编辑

副刊是报纸上用文学体裁反映社会，文艺色彩较浓，能给读者提供美的享受的固定版面，定期出版，一般有刊名。

（一）副刊的类型

副刊有综合性副刊和文艺副刊等。

综合性副刊，指的是以文学形式反映社会生活各个领域的副刊。这种副刊，面向较为广泛的读者，具有普遍兴趣；它既带有文艺色彩，又有综合性。它主要刊登杂文、散文、诗歌、报告文学、小说（短篇或长篇连载）、书评、剧评、影视评论、书简、科学小品、美术作品等，一般篇幅比较短，注重侧面选材，以小见大。

文艺性副刊，指的是专门反映文艺界人士及其创作活动的副刊。由于其限于文艺一个领域，有别于上述综合性副刊。广大读者（尤其是青少年）对于文艺界人士的成长历程和敬业精神，创作的过程及其成果，向来是很感兴趣的，因此刊载这类内容的文艺性副刊具有较强的趣味性和愉悦性。

（二）报纸副刊编辑应把握的基本规律

近年来，国内许多纸媒以"可读性"和"三贴近"为要求，对报纸副刊的约稿、编排进行过各具特色的探索、改进、完善，对此，急需加以梳理、归纳、认识、提升，探究其中值得遵循的基本规律。笔者认为至少有以下四项。

第一，"好看"。立足"好"，着眼"看"。前者指品位高、品位正、用料鲜、滋养丰；后者指抢眼球、饱眼福、开胃口。坚持"副刊不副""守土有责"的理念，自觉承担舆论引导责任，给读者以健康有益的文化享受。

第二，"宜读"。克服违背阅读规律的所谓艺术造型或装饰，淘汰为设计而设计的排版方式，提供明快便利的视觉空间，利用独特、优美的微型插图外化、延伸文义，使静态的文字内容充满动感和阅读趣味，让读者在轻松的环境下完成浏览、阅读。

第三，"倡短"。这是主流媒体副刊的优秀传统。使形式"悦读"，保证了版面结构疏朗、气度从容、简洁流畅的特点。

第四，"坚守"应该承认这样一个现实：主流报纸的版面式样不是"时装"，赢得阅读信任的秘诀不在"创新"，而往往来自"坚守"：坚守"高品位"的内容，坚守"标志性"的版式，即打造副刊"品牌"，只有如此，才能赢得读者长久的信任。

第三节 特色类新闻版面编辑

一、财经新闻编辑

财经新闻是新闻细分领域中信息含量更高、采编操作难度也相对较大的一种类型。与文体、社会新闻相比,财经新闻满足的是目标人群相对刚性的信息需求,服务于目标人群的决策行为,与目标人群的切身利益关联度更高,而且信息的呈现方式直接影响到目标人群对其的解读理解和后续决策行为。因此,在掌握新闻编辑基本技能的基础上,深入理解财经新闻与其他新闻报道类型相比呈现的特殊性是做好财经新闻编辑工作的前提。

(一) 财经新闻报道的特殊性

1. 财经新闻报道对象的泛关联性

社会新闻更侧重于环境监测与舆论监督,娱乐体育类新闻更多满足媒体用户的休闲消遣需求,对其报道主要在"5W+1H"(why、what、where、when、who、how)总体基础上根据具体情况适当选取重点突出放大即可,事件与事件之间的关联性相对较弱,而每一个财经新闻事件的发生发展,背后都有着千丝万缕的关联性因素,要记者多方收集材料,对事件的背景、来龙去脉、所涉及的利益格局、各方反应和社会影响有客观了解和认知,然后在此基础上依据目标受众人群的关切进行重点梳理和解释呈现。在财经新闻事件的报道中,仅仅满足于5W+1H等新闻要素的罗列式呈现是远远不够的,需要经由现象揭示背后的趋势脉络与结构性变动及商业逻辑,这样才能满足目标受众的深层需求。

2. 财经新闻报道对象的复杂性与专业性

与其他新闻报道不同,财经新闻的报道可能涉及数据、图表、政策、事件、人物等不同方面,对经济学、财政学、金融学、会计学、财务管理等学科理论的理解则构成优秀报道的深层支撑。报道对象的复杂性与专业性既对记者的综合素质和知识结构提出更高要求,同时也需要记者具备高水准的转换翻译能力,能够在专业敏感性和洞察力之外,将复杂专业的财经数据、财经事件进行生动活泼的大众化解读以迎合普通公众读者的接受偏好与能力,追求高度、深度、温度和趣味度的有机统一。

3. 财经新闻报道取向的追问性、前瞻性和现实干预性

人们阅读财经新闻报道通常不是为了简单的猎奇休闲,而是为了更好优化微观企业、组织或者个体的经济决策。从这一点上说，优秀的财经新闻报道不应拘泥于对事件的当下解读，而是深入事件背后的支配性逻辑、发展演变脉络和变化动因进行深度追问，并以前瞻性眼光关注事件未来走势。"经济预期的自我实现"是现代经济社会的一个基本特征，亦即是说，当社会上的大多数决策主体都依照某种预期进行理性决策的时候，该预期就具备了自我实现的可能。因此，预期管理是现代宏观经济管理的重要方面，而大众传媒又在造就和影响经济预期方面发挥着不可替代的作用。有研究者通过分析研究华尔街日报专栏文章来验证财经报道和股票市场波动之间的因果关系，结果表明特定记者的文章与总的市场表现之间存在因果影响关系。因此，财经新闻报道一方面要客观、真实、及时、准确，另一方面也必须秉持高度的社会责任感，充分预估某些新闻报道可能对社会公众预期产生的影响及其所可能引发的社会心理震荡，在报道措辞和表达角度上仔细斟酌。

(二) 财经新闻编辑要点

1. 对财经资讯的新闻价值大小精准判断是合理安排版面的基础

重大的突发性社会新闻不是每天都有，但我们生活的经济世界每天都在源源不断地涌现出各种财经资讯信息流，财经新闻编辑的一个重要基础性工作就是从繁杂多样的财经资讯数据中遴选出社会影响力大尤其是与目标人群的切身利益相关度高的资讯来重点呈现。对于媒体来说，无论是占用版面大小抑或版面位置都是无声的语言，表征出该新闻信息的价值含量。因此，只有从众多财经信息流中清醒判断、识别出最具价值的信息，才能在版面安排和版面语言中对其内在价值有恰如其分的体现。例如，证券新闻则是证券市场或其相关市场新近发生的引起股民关注的报道，在各种信息源中证券新闻的数量是极大的。因此对于采编来说，选稿的难度将是极大的，财经新闻编辑必须熟悉影响证券市场的内外部因素，熟稔财经新闻价值判断的几个维度，具备全局视野，了解当前市场的热点和焦点，才能根据股民投资的信息需求准确遴选稿件。

2. 理清信息主次，补充相关背景信息以便目标人群全面深入理解

如前所述，财经新闻的一大特点就是泛关联性，很多时候一个财经事件的发生都不是孤立的，新闻信息的意义与价值需要与其他数据做对比观照或者置于更大的背景脉络框架之下才能被目标人群充分理解。因此，在对新近发生的新闻事件重点呈现的同时，要通过"数据链接""专业术语释义""专家解读"乃至"采访手记"等方式围绕核心信息内容进行多方位补充，较全面的信息呈现来避免目标人群的误读或者片面理解。对于一些特别重大的财经事件，可能需要在整体上进行系列化报道策划，综合运用多种新闻体裁从不同角

度进行解读。在此过程中,既要追求信息全面客观平衡呈现,同时又要分清主次,突出重点。

3. 深入浅出,做好专业资讯的转换翻译与可视化呈现

财经新闻的一大特点就是专业性强,专门术语众多,对数据性信息不能简单拘泥于客观再现,还需要根据需要对数据意义和数据之间的内在关联深入挖掘。财经新闻编辑自身需要具备一定的经济基础知识,但更重要的是清楚明了自身所面对的目标人群的财经知识基础,依据他们的信息接收和解读能力对信息进行处理,做好"转换翻译"。对于复杂的财经数据,可以通过图表化、图形化处理得到更为生动活泼的可视化呈现。从认知心理学角度来讲,不同的信息呈现方式本身就对受众的关注焦点和逻辑关联判断产生影响,优秀的财经新闻记者在与时俱进不断跟踪吸纳数据可视化呈现为报道带来的便利优势时,也要本着高度的社会责任意识充分预估相关呈现方式可能对受众产生的认知牵引作用。

4. 直击主流,做好重大事件的选题与编辑策划

对于一家财经媒体而言,除了常规化、常态化、持续性的新闻报道外,树立品牌的一个很重要的途径就是直击主流,对重大事件进行综合性的报道策划。例如,财经类杂志的封面文章和财经类报纸的头版头条等都属于此种类型。对于重大选题的把关遴选口径、解读立场和呈现方式直接凸显出该财经媒体的编辑理念和价值立场,从而成为彰显该媒体品牌特色的重要标志。

(三)新技术对财经新闻采编带来的冲击

1. 综合处理大量财经数据的"机器人新闻"出现

伴随新技术的发展,"机器人新闻"正在成为学界和业界热议的一个话题。以来自美国的 Automated Insights 公司的主要技术产品是 Wordsmith 为例,该技术平台能够接收几乎任何数据格式(包括 APIs、XML、spreadsheets)等,然后通过算法找出数据特点趋势与内容来龙去脉,生成叙述性的长短文章、报表、可视化图形等,最后借助云服务、通过 API、JSON、XML、Twitter、e-mail 等渠道实时推送文章。AI 有超过 3 亿模板可以供不同的新闻使用,它们在 2013 年就产生了 3 亿篇新闻,比其他所有媒体加起来的还要多。2014 年 7 月,美联社宣布使用其开发的新闻书写软件代替人力写作美国上市公司财报报道稿件,成为具有符号意义的一个实践。在与 AI 合作前,靠人工美联社每季度只能发布近 300 篇财报文章。而改用自动化系统后,他们将提供多达 4400 篇上市公司的财报数据文章。

与社会新闻、文体娱乐新闻等相比，财经新闻与数据的积累、处理和解读联系更紧密，以 AI 为代表的智能化数据分析和数据新闻生产模式对财经媒体未来的发展带来的冲击更大。

2. 从精确新闻学到数据新闻学——大数据技术为财经新闻报道带来的蝶变契机

早在 20 世纪 60 年代，美国学者、新闻记者菲利普迈耶提出了精确新闻学的概念，即运用调查、实验和内容分析等社会科学研究方法来收集资料、查证事实，形成更真实反映社会现实生活的报道方式。但是，精确新闻学更侧重于对数据精确度和因果关系的分析，存在着基于样本选择和因果判断上的误差可能。

伴随技术的发展和大数据时代的来临，数据新闻学开始崛起。按照研究机构 Gartner 的看法，大数据是指需要新处理模式才能具有更强的决策力、洞察发现力和流程优化能力以应对的海量、高增长率和多样化的信息资产。通过数据挖掘，可以提取隐含在其中的不为人知的关联关系并揭示某些趋势性的东西。在新闻学领域，大数据作为一种方法论对原有的研究范式带来了强烈的挑战和冲击，并且作为一种有力工具开启了媒体运营创新的又一个起点。

数据新闻作为讲故事的新工具与新方法，在解释宏大事件与个人的关联、促动记者角色转变等方面显现出积极作用，并且可以借助于新媒体使新闻报道呈现出"可视性、纵深性、互动性"的特点，满足受众对新闻报道"更精确、更深入、更直观"的要求。在财经新闻操作实践中，利用现代数据挖掘技术，通过对全样本数据的相关性挖掘可以获取到传统方法论范式下无法得到的量化新闻要素，对事件进行全景式呈现和揭示。传统精确新闻学范式下，获取到的信息彼此分立，维度相对单一，而基于大数据的信息处理平台则可以获得包括数字、行为、情感、心理和关系等多维度的复合信息，让财经新闻的报道能够穿越社会表层现象而深入社会发展的内部肌理，同时也为围绕财经媒体价值链进行数据产品的多元开发提供了丰富的想象空间。

此外，大数据也为财经新闻报道在信息呈现方式方面提供了巨大的创新空间。过去长期困扰财经记者的一个问题就是如何把复杂的财经图表、庞杂的财经数据及其背后的深度背景关联以浅显易接受的方式传递给目标受众。大数据技术的应用不仅对多维数据的整合深挖可以触动以前新闻报道所无法触及的群体行为分析、情感分析和社会分析等层面，而且在数据的呈现方面越来越朝"趣味、动态、交互"方向发展。财经信息呈现方式交互性的提升也可以形象直观地让受众认知某项公共政策实施对自身的实际影响。

二、法制新闻编辑

(一) 法制新闻的概念

法制新闻是新近或正在发生的关于立法、司法、执法、守法和社会各方面与"法"有关的各种活动、现象和问题的新闻报道。它不仅包括进入司法程序的案件报道（分为犯罪案件报道和非犯罪案件报道两种）也涵盖包括"公检法"、立法机关即各级人大以及政府执法部门在内的所有司法机关的具有新闻价值的活动及其相关行为的信息传递。

(二) 法制新闻产生和发展

在我国，新中国成立之后的50、60、70年代并无"法制新闻"的概念，与法制相关的报道基本上属于社会类新闻。

法制新闻之所以成为今天的一个新闻门类，其决定因素就是法制新闻的大量涌现，而法制新闻的生长、发展牢牢植根于我国民主法制建设发展的土壤之上，从70年代末的刑法、刑事诉讼法这"两法"的诞生，到1982年中国新宪法的出台，志着中国社会主义民主与法制建设进入了新的发展阶段。党的十五大明确提出了依法治国，建设社会主义法治国家的治国基本方略。党的十八届四中全会决议明确提出，全面推进依法治国，总目标是建设中国特色社会主义法治体系，建设社会主义法治国家。这一切无不昭示着我国民主法制事业的蓬勃发展。

(三) 法制新闻的功能

1. 法制信息传播功能

通过法制新闻报道，受众能够及时知晓自己所处的法制环境所发生的新变化，包括新近制定和施行的法律法规、法律设施、法律制度，立法机关和司法部门的重大决策、重大举措、重大行动，以及重大案件等等，从而以新的法律作为准则，规范自身的行为。

2. 法制宣传教育功能

法制新闻报道在法制宣传教育方面有着其他媒介不可替代的功能，对我国的普法宣传教育发挥了巨大的作用。可以在短时间内把新近出台的法律法规、法律设施和新近发生的重大案件、事件等法制信息，及时地传达到受众之中。

必须指出的是，法制新闻报道是以向受众传播法制信息为主要特征的传播方式。法制宣传教育是以对被宣传对象施以预定的法制影响为目的教育方式。无论是在观念上还是实际工作中都不能将法制新闻报道等同于法制宣传教育。

3. 舆论监督功能

与其他新闻舆论监督相比，法制新闻舆论监督有两个显著的特点：一是功能强作用大。法制新闻监督，说到底就是依法监督。所以，比起伦理规劝和道德说教的舆论监督，法制新闻舆论监督功能更强，作用更大，权威性更高。二是范围广、触及面宽。法律新闻舆论监督所涉及的范围，已经不仅仅限于法制政治领域，而且遍及社会生活的各个领域和各个层面。

4. 法制预警引导功能

当某种可能触犯法制尊严或危害社会治安和人民群众的生命财产安全的事件和现象出现时，法制新闻报道通过及时传播相关信息，向全社会发出警告，引起人们的关注，并且积极地采取一些防治手段来保障自身的利益。

（四）法制新闻编辑的原则

法制新闻作为新闻报道的一大类型，除了要遵循新闻传播真实、客观、全面、及时等基本原则外，还应特别恪守作为法制新闻报道的基本准则，以保证法制新闻报道价值目标的实现。

1. 合法守法

新闻报道必须合乎国家的法律精神并遵守法律法规的基本原则。新闻媒体作为本身就以传播法治信息、弘扬法治理念为宗旨的平台，合法守法是其首先必须遵循并强调的基本原则，包括报道主体的合法、报道行为守法及报道内容合法。

2. 尊重和维护法律权威

法制新闻报道不仅应该限制在法律许可的范围内，成为守法、合法的典范，还应该在报道活动中尊重和维护法律的权威和尊严。

法制新闻报道对法律的维护首先表现在对司法独立的尊重。对于法制新闻而言，杜绝通过连续报道形成舆论高压，对法官的冷静审判形成干扰。或用倾向性的道德评判取代理性的司法审判，成为其护法守则的首要表现。

法制新闻报道对法律权威的维护还表现在对法律程序的尊重上。在法制新闻报道中，新闻报道的时效性追求必须让位于法律程序，避免先于法律判决之前对涉案人员提前定罪，杜绝媒体凌驾于法律之上的越位现象出现。

一切以法律为准绳，充分尊重审判程序、审判活动和审判结果。这一原则主要建立在刑法的无罪推定以及罪刑法定等原则的基础之上。无罪推定主要是指犯罪嫌疑人未经法定程序判决有罪之前，应当假定或认定无罪。

3. 保障各方当事人的合法权利

在法制新闻报道中，公民政治权利中的知情权以及人身权利中的肖像权、名誉权、隐私权以及对未成年人等特殊权利，是特别要注意保障的权利。

4. 平等均衡报道

对于法制新闻报道而言，媒体有平等对待、均衡报道的义务。平等对待就是公正对待指正方和被指正方、受害人和犯罪嫌疑人，给双方同样的发言机会，依据经过了核实的信息完整地表达被采访者的观点，保证对双方报道力度的均衡。

（五）法制新闻报道的价值选择

法制信息的数量每天都在以几何级数字增长，全国各地乃至世界各地，每天都有大量的法律事件在发生，大量案件在审理，每天都有新的法律问题和现象在发生。法制新闻报道不可能"有闻必录"，也不可能即时播报，这就要求有所选择与取舍。法制新闻报道对于信息选择与舍弃的标准及过程，就是"价值选择"。

1. 新闻价值选择

所谓的新闻价值，就是全面考虑新闻的内容，进行系统的分析，从信息的真实性、有效性、趣味性、力度性等多方面加以考虑，判定出新闻消息存在的价值。而衡量新闻价值的最基本标准和出发点，则是受众的需要和兴趣，越是与受众的切身利益息息相关的、为受众所需要和关注的信息，其新闻价值就越高，就越值得我们选择和报道。

2. 法律价值选择

法律价值的选择，可以说是一种"硬性"的选择。在各种各样的新闻信息中，需要我们辨别和选择那些具有法制特色的法制新闻信息，并使它们的报道内容、报道方式、报道手法，都符合社会主义法治规范，符合社会主义法治精神。法制新闻报道是以传播法律知识、弘扬法治精神为宗旨的，更要严格按照宪法和法律的规定，对信息进行法律价值的过滤和选择。

3. 宣传价值选择

宣传价值也就是新闻信息中所包含的能够证明和说明传播者的政治主张、并有利于传播者控制受众行为的因素及其分量。法制新闻报道同其他类型的新闻报道一样，是党、政府和人民群众的"喉舌",既要反映人民群众的需要和呼声,又要为宣传和实现党和国家的政治主张服务,即符合党和国家的宣传价值标准。

4. 道德价值选择

法制新闻报道和其他专业新闻报道一样,要以正确的舆论引导人,要以高尚的道德引导人,还需要对法制新闻信息进行道德价值宣传。

法制新闻报道的四种价值选择,有着不同的标准和规则,具有不同的地位和意义。新闻价值选择是基础的价值选择,也是首要的和核心的价值选择。没有了新闻价值,也就不具备新闻报道的属性,也谈不上其他的价值选择了。而宣传价值选择和道德价值选择,则是在前面两个基础价值之后进行的后续选择,也是提升法制新闻报道价值和品位的更高层次的选择。

(六) 法制新闻报道的形态与语言

1. 法制新闻报道常见体裁和形式

(1) 法制消息。

法制消息是法制新闻报道中最重要、最常见的样式。它通常以简明扼要的文字、概括叙述的方法、短小精悍的篇幅,快速地反映法制建设的新动态和新风貌见长,具有短、新、快的特点。可细分为动态性法制消息、综合性法制消息、经验性法制消息、法制人物消息等。

(2) 法制通讯。

法制通讯是对与法制相关的典型事物进行详尽而深入报道的体裁样式。它以报道与法制相关的重大事件、重大案例、典型经验、典型人物见长,强调对事物全貌和过程有一个比较完整的报道,具有内容丰富、情节生动、全面详尽的特点。法制通讯,通常又分为法制工作通讯、法制事件通讯、典型案例通讯、法制人物通讯、法制风貌通讯、法制问题通讯等。

(3) 法制特写。

法制特写通常抓住法制事物中最重要、最精彩、最富有个性特征的瞬间、局部或片段做文章。它具有笔墨集中、描写精彩、视觉独特的特点。法制特写可以分为法制人物特写、法制风貌特写、法制情景特写等。

(4) 法制新闻评论。

法制新闻评论通过对新近发生的法制新闻事实进行评价和议论,代表法制媒介就当前法制动态和法制事件发表意见和看法，具有很强的时效性和针对性，是法制媒介的"灵魂"。法制新闻评论可以分为法制社论、法制评论、法制随笔、编者按、编后语等。

2. 法制新闻写作的基本要求

同其他专业新闻写作一样，法制新闻写作除了基础新闻写作的基本特点和要求之外，也有着自身独立的特色和独特的文本风格。

（1）用法律事实说话。

法制新闻所采用的事实应当是有充分证据证明的事实，即所采写的事实，是在现实生活中确实发生、有证据可证明的事实。同时新闻与学术报告和法学文书也不相同，不能一味地摘用法律，而是应该摘要与新闻相关的，并且能够将法律与新闻很好地衔接起来，在作者的描述当中，让新闻事实和真实所发生的事件尽可能保持一致，杜绝任意的编撰与修改。

（2）客观的写作手法与平实的语言。

法制新闻在写作的过程当中，应该采取"白描"的方式，在对事件进行描述时，所用的语言风格要尽可能的平实，将事实以客观、规正的方式描述出来，且在描述当中要充分地将从现场获取的照片融入描述中，增加文章的客观性；同时减少一些引用语，而在描述当中所涉及的不是自己的见闻或者事实一定要标注清楚，不能直接当成真实的事件直接采用。

（3）议论要言之有据，评价要中肯。

叙述当中应该采用正式的规范的词语，语言也要符合当今的社会主义价值观标准。在涉及对事件的评论时，也必须要以现实为依据，绝对不能够凭借自己的喜好任意地修改，采取夸大或贬低事件的态度。

3. 法制新闻写作要准确使用法律语言

（1）认真吃透法律用语的含义。

在进行新闻报道时一定要十分准确地运用法律语言，相关的采编工作人员应完全吃透新闻报道中所涉及的法律词语的意义。

（2）严格区分相近法律术语的不同用法。

在新闻报道过程中一定要采用正确的法律语言，对于意义相近的词语，也一定要很好的对其进行区分。如表示规定性的执法与司法的口语表达中有告知、宣告与宣读等，但是这几个词分别有自己特定的语言应用环境。在处理交通案件中，一般就采用"告知"这个词语，说明他被罚的原因；而"宣读"则是对于起诉与宣判时由法官所说的；对于"宣布"就是宣布一些法庭，案件的开审之类。在新闻报道的写作中要特别注意，不要混淆相近词语的含义。

（3）在法律中一些学术的表达方式往往具有不同的意义。

在涉及有关法律问题的时候，每一个词都应妥善考虑，或许只是一个简单的词，在法律使用下就代表了不同的含义，使用不慎就会使原本的意思发生扭曲。举例来说，"农业"一词在法律定义下就不单单是指农作，而是宏观意义上的农、林、牧、渔。还包括一些事物的名称简称，英文字母缩写等等，都在立法时被赋予了特定的含义，在使用时要格外注意。指符合条件和资格我们称其为"适格"，处罚结果太轻或太重时是"畸轻畸重"，只有我们了解并熟悉每一个词的用法，才能在进行法律情况报道时抓住中心，用力适度。

三、娱乐新闻编辑

"娱乐"这一词语正在取代 20 世纪 80 年代以来的"文艺"而成为公众精神生活的主角，它已经将媒体的审美和消遣功能发挥到前所未有的程度。娱乐新闻大行其道，呈现火爆发展的态势。

（一）娱乐新闻的界定

从内涵上来看，娱乐新闻有广义与狭义之分。从广义上说，娱乐新闻就是能使人轻松快乐，供人休闲消遣的新闻报道。狭义的娱乐新闻，一般指的是关于影、视、歌等大众文化的娱乐作品或明星人物的、新近发生或正在发生的、对公众具有娱乐意义的事实的报道。因此，从狭义上说，娱乐新闻就是报道娱乐业的新闻。

近年来，人们从外延上对娱乐新闻的界定进行讨论，集中在两对概念的比较上。

一是娱乐新闻与文化新闻。娱乐新闻最早植根于文化新闻中，20 世纪 90 年代逐渐从文化新闻中脱离出来，随着娱乐新闻的迅猛发展，文化新闻基本被涵盖在娱乐新闻中，尤其是商业化媒体一般将文化新闻放在娱乐新闻版块中。从报道内容来看，娱乐新闻侧重于对影视剧、流行音乐、明星的报道，而文化新闻侧重于对文学、美术、严肃音乐、传统戏剧的报道；从报道表现形式上看，娱乐新闻注重故事性和情节性，甚至有一定的戏剧悬念和煽情刺激的因素，而文化新闻强调文化性和高雅性，对报道内容的要求较专业。

二是娱乐新闻与新闻娱乐化。娱乐新闻是与时政新闻、经济新闻、社会新闻等不同门类新闻并列的一个类别，而新闻娱乐化是指一种新闻报道方式或倾向，如强调报道的人情味、故事性、情节性，强化新闻事件的戏剧悬念或煽情、刺激成分。因此，这两者也是有所区别的。

（二）娱乐新闻的特点

社会上对娱乐新闻存在一种"去新闻化"的倾向，娱乐新闻不能被看作新闻，至多称为"娱乐信息"这一观点得到很多人认可，也有人认为，娱乐新闻就是"逗人玩"的，无须关照社会责任。事实上，娱乐新闻归根到底还是新闻，具有所有新闻的共同特点，比如应遵守新闻的真实客观公正的基本规律；应符合及时性、接近性、显著性等新闻价值要素；应遵守新闻写作规律；应承担社会责任；等等。

然而，娱乐新闻又不同于严肃的硬新闻，甚至与一些软新闻也有很大区别。娱乐新闻与一般传统新闻在报道内容、报道风格、作用功能等方面都有较大区别。

从报道内容来看，娱乐新闻的以大众文化（影、视、歌等）为主要报道对象，偏重于软性和生活化的内容。

从报道风格来看，娱乐新闻追求轻松活泼的风格，相对于传统新闻的严肃严谨，很多娱乐新闻带有明显的综艺和游戏的色彩。

从价值功能来看，娱乐新闻不过多地承载媒体的社会教育职能、社会整合功能，娱乐新闻推崇的是时尚与流行，它不需过多地承担道德说教和文化传承的任务。

（三）娱乐新闻的类型

娱乐新闻信息量激增，娱乐新闻向深度拓展，受众对娱乐新闻呈现多元化需求的态势，都使得娱乐新闻传播已经进入分类编辑时代。我们可以将娱乐新闻按照三种不同分类标准进行划分，从报道领域分类，可分为综合新闻、音乐新闻、电影新闻和电视新闻等；从报道地域分类，可分为内地新闻、港台新闻、海外新闻等；按报道形式分类，可分为消息类、专题类和通讯类等。很多娱乐新闻类节目把娱乐新闻细分化。

（四）娱乐新闻的发展历程

娱乐新闻的发展历程可以分为三个阶段。第一阶段在20世纪80年代末到90年代初，特点是娱乐新闻初登上文化新闻的版面，具体表现为出现了以娱乐新闻为主要内容的专版以及以"娱乐"命名的专版如《解放日报》在1984年就创办了名为《影剧天地》的专栏，之后《广州日报》《文汇报》以及《光明日报》等都开设了专门的娱乐专栏。这段时期的娱乐新闻能够保持健康的品位、轻松活泼的文风和客观及时的报道，满足了受众的娱乐需要。

第二阶段在90年代中期，特点是出现了娱乐新闻与文化新闻并列的情况。一些传统的报纸通过扩版、改版，在文化新闻版之外增设有关娱乐的专版；另一些新创刊的以市场规则运作的都市报、晚报、晨报自创刊始即直接设置"文化娱乐版"。

第三阶段在世纪之交，娱乐新闻传播的地位进一步突出。娱乐新闻普遍存在于各类报纸上，文化新闻已经作为娱乐新闻的一部分，而且娱乐新闻的版数增加，出版频率加快，并根据内容细分。而且其他两大媒体广播和电视更是发挥各自的优势，大量创办娱乐新闻类节目和专栏，之后新兴网络媒体的娱乐新闻数量更是与日俱增。

阅读娱乐新闻成为人们的一种生活方式，面对这样的娱乐新闻传播潮流，为受众提供全面的娱乐资讯，满足大众的娱乐需求，成为各类媒体的共同追求。

（五）娱乐新闻采编的突出问题

1. 娱乐假新闻泛滥

真实是新闻的生命。近年来，失实新闻、虚假新闻频出，娱乐假新闻首当其冲，出现频率明显高于其他类假新闻，已成为"常态"；而且娱乐假新闻多为故意造假，造假成为一些演艺明星维持高关注率的手段，甚至成为记者的工作方式之一；同时公众对娱乐假新闻的容忍度明显高于其他类假新闻。由于娱乐新闻造假的普遍性，学者会质疑娱乐新闻是不是新闻。

新闻要素模糊，没有确切的消息来源，没有当事人的采访。先来一篇爆料，当事人回应再发一篇，还可以借名人炒作一把，这就是炮制娱乐假新闻的惯用手法。娱乐新闻就在这样的爆料、求证、证实中，娱乐了受众，也消磨了信任。

2. 隐私八卦渐增多

娱乐新闻数量虽然多，质量不高。点开网络，翻开报纸，明星绯闻占据了某些报纸娱乐新闻版的版面。偷拍的明星镜头、道听途说的明星秘闻，事无巨细，都可能成为娱乐新闻报道的内容，而他们的正常工作反而退居其次。媒体热衷于追踪娱乐圈中的绯闻，或许迎合了部分受众的好奇心，也使得娱乐报道流于低俗化。娱乐与文化是天然相连的，娱乐新闻在娱乐大家的同时，还应该具备一定的文化品位。娱乐新闻在满足受众休闲娱乐需求的同时，还可以陶冶受众情操，给予受众审美的体验，满足受众更高层次的精神需求。

3. 恶俗炒作成常态

新闻炒作是在新闻发生和传播过程中，新闻传播者或新闻提供者有意识介入其中，预设或引导、强化部分新闻要素，以达到吸引受众注意的新闻运作手段。恶俗的娱乐新闻炒作现象一般体现在炒作内容低级、炒作频率过高、炒作滋生假新闻三个方面。

炒作内容低级，娱乐新闻炒作往往围绕着婚恋嫁娶、生子、官司或个人恩怨等展开。

炒作频率过高，新的娱乐作品、娱乐活动面世前，是娱乐假新闻炒作的高峰，频频曝出作品相关人员的隐私、绯闻甚至官司，是炒作的惯常手法。

炒作是滋生娱乐假新闻的温床，这是对新闻最大的伤害。在一波接一波的炒作中，信息提供者获得最大利益，媒体得到小利益，受众始终是被愚弄的对象。

（六）娱乐新闻的编辑思路

1. 拓展娱乐新闻的广度和深度

由于娱乐新闻的低俗化和同质化倾向严重，要提升娱乐新闻的品质，避免娱乐报道的同质化倾向，必须拓展娱乐新闻的广度和深度。

（1）广度延伸。

近年来，《南方都市报》娱乐版块提出了从"做人的娱乐"转向"做作品的娱乐"的工作宗旨，把关注焦点放在电影作品、电视作品、音乐作品和演出活动本身，而不是参与作品的明星，使报道领域大大拓宽。"做作品的娱乐"使娱乐新闻避免沦为大小明星的宣传报道工具，明星们是不可缺少的一部分，但也只是作品的一部分，同时还摆脱了"性、腥、星"味十足的报道，更没有了绯闻、谣言的立足之地。

2010年，《广州日报》娱乐部在改版后明确提出"跳出娱乐做娱乐"的概念，即看到娱乐新闻背后的社会、经济、伦理等内容，积极进行跨界思维，依托娱乐事件作出社会新闻、经济新闻、文化新闻，让娱乐新闻真正成为新闻"富矿"。"跳出娱乐做娱乐"从高度上解决了娱乐新闻视野的问题，从报道领域上解决了娱乐新闻的宽度和广度问题，扩充了娱乐新闻的内涵，破除了娱乐新闻只是八卦消遣的偏见，借娱乐新闻这件外衣探讨社会文化心理、伦理价值观念，挖掘经济事件及政策的宽泛影响，从而可以吸引有决策能力的中高端受众群体。

（2）深度拓展。

解决娱乐报道低俗化和同质化的问题，还必须尽量突出个性和创新性，挖掘娱乐事件背后的故事，着眼于深度意义而不是表面现象，应当成为媒体努力的方向。

一是追踪热点，及时深挖。编辑应搜索海量娱乐信息，筛选出焦点和热点，从中策划可以做大的选题。娱乐圈每天发生着各种各样的新闻事件，很多事件都有其背后的深刻含义。

二是加强策划，多做话题性和主题性专题。随着网络和其他新媒体技术的日益发展，受众获取新闻信息的途径越来越广，讲究深度的主题策划类新闻受到观众青睐，也显示出新闻资源深度开发和利用的市场潜力。

娱乐新闻编辑可以抓住某段时间内娱乐圈中发生的重大事件，比如大片上映、电影节来临、明星重要活动等，整合多方面的新闻资源，运用多个版面全方位地深入报道。娱乐新闻编辑还要善于各种社会热点事件进行"跨界策划"。

三是加大评论力度，做有态度、有观点的娱乐新闻。娱乐新闻不应承担太多的社会教化作用，但绝不是放弃媒体应该承担的义务，娱乐新闻同样可以发挥信息管家和意见领袖的职能，寓教于乐。

2. 协调隐私权与知情权之间的平衡

作为公众人物的名人和明星是娱乐新闻的报道重点，而这类题材也常常引发报道纠纷，需要防范侵犯名誉权和隐私权的问题。

一方面，作为公众人物的明星仍然享有隐私权。身体的隐私是私人生活中最私密、最敏感的领域，属于私人信息，擅自暴露他人的身体隐私，则会损害他人的名誉，贬低他人人格。侵犯私人空间也会引发侵犯隐私纠纷，恶意侵害私人生活私事，严重贬损他人人格尊严的行为，也超出了公众利益的界限，属于基于个人目的的恶意加害行为，应由行为人承担责任。

另一方面，明星等公众人物相比普通人在私生活上受到的保护要少，这也是这个群体的特殊属性。因为公众有知情权，希望获得公众人物相关信息的需求应该得到满足。特别是一些公众人物本身作出某些不良行为，更应该受到媒体的监督。因此从最大程度满足受众知情权出发，需要对明星的隐私权作出一定限制，并遵循社会公共利益优先的原则和满足公众合理兴趣的原则。

因此，娱乐新闻编辑在平衡公众人物隐私权和受众知情权的过程中要有正确的价值取向，有效地将公众兴趣原则与公共利益原则有机结合，在名人隐私让渡与公众知情权之间寻找到合理支点。行使新闻自由权以不侵害明星基本隐私和人格尊严为前提，但对于明星涉及社会公共利益的方面应接受舆论监督，满足公众知情权。

3. 注重版面包装，版式新颖独特

娱乐新闻版面与新闻版面有很大不同，讲究活而不乱，极富形式上的美感。首先，图片的选择严和要求高，不仅仅是为报道新闻配一些明星图片，而是要根据报道选题需要"量身定做"。其次，图片编辑要强化细节和形式上的美感，图片的内容、大小和色调搭配、摆放的位置与编辑意图和报道主题相契合，使得图片精美，花而不乱，版面协调统一，图与图、图与文之间通过巧妙的安排达到良好的审美效果。三是做好标题、小标题、

摘要，强化视觉冲击力，适应了"读图时代"受众接受报纸的方式。在崇尚注意力、吸引眼球的年代，娱乐新闻编辑要善于突破常规的版式编排风格，给读者带来一场眼睛的盛宴。

4. 积淀栏目文化，树立栏目品牌

一个优秀的栏目应该经历三个阶段：首先是办出特色，在同质性栏目中脱颖而出；其次是形成自己的风格；最后的阶段是积淀栏目的文化，形成知名的品牌。作为娱乐新闻栏目，其栏目文化除了内部运作的团队精神、奉献意识、敏锐感知力、前卫表达力等内部质素外，更要成为流行风向标、时尚资讯库，成为权威意见领袖、明星行为镜鉴，成为业界信息首选发布管道、业界舆情科学感知器。

四、体育新闻编辑

体育新闻作为中外新闻传播活动中一个重要的专业新闻门类，具有自身不可替代的位置和影响力，也受到社会大众的喜爱。尤其是当国内外重大体育活动举办时，体育新闻的受关注度更为飙升，各种新闻媒介对这类新闻的报道和评论同样投入不菲。那么从新闻编辑角度去审视，体育新闻的这一传播过程则有以下的内容需认知和对待。

（一）体育新闻界定

体育新闻是指通过新闻媒介对新近或正在发生的体育赛事、体育活动、体育工作等事实进行的各种形式的及时准确报道，通常有体育消息、体育通讯、体育专题、体育图片新闻和体育新闻视频主要报道文体。体育新闻是专业新闻中的一个重要门类，具有广泛的接受群体。

（二）体育新闻的类别

1. 体育比赛新闻

包括传统体育项目如放风筝、踩高跷、拔河等和现代体育项目、奥运项目和非奥运项目、群众体育、学校体育、军事体育等活动中有价值的比赛事实的报道。

2. 体育行政新闻

包括对体育管理工作会议、体育工作和活动的研究布置，体育事业开展中的研究、布置与推进等行为中出现的重要事实的报道。

3. 体育经济新闻

包括对体育活动与经济性、商业性活动相结合，产生体育经济效益的相关事实的反映

与报道。

4. 体育交叉新闻

体育行业（工作）与其他领域行业（工作）发生交叉结合后出现的有价值的事实，经反映报道出来后形成的一种体育新闻类别，如体育社会新闻、体育娱乐新闻、体育法制新闻、体育教育新闻等。

5. 体育文化新闻

将体育行业中的各种工作、活动（如体育史探讨、体育项目研究、体育交流等）作为文化现象对待，加以记录、反映和报道后所形成的一种体育新闻类别。

（三）体育新闻的特征

1. 时间的规定性

大多数情况下，体育新闻通过体育比赛产生，而体育比赛的时间是公认前提下的事先确定。时间的规定性还表现在体育比赛的过程中，双方必须遵守规定的时间进行。体育比赛这种时间的规定性决定了体育新闻的产生和内容表现也同样具有时间上的规定性。

2. 环境的规定性

体育比赛应有规定的场地、规定的器械和公认的规则，这些既构成了体育事实发生的硬环境，也为体育比赛创造了一个公平竞争的软环境。体育比赛事实在发生过程中的环境规定性同样决定了体育新闻内容中环境交代的规定性。

3. 技术的规定性

体育赛事活动往往就是比赛双方在体能技术和对抗战术上的高下强弱之争。因此，各种技术、战术构成了体育赛事活动的本质内涵，而这类技术的比拼又要在必要的规定原则下进行，才能具有公平的前提。由此可见，作为对这种比拼行为反映的体育新闻，同样充满了技术规定性的内容呈现。

4. 过程的竞争性

体育比赛过程充满双方的技术、战术竞争，作为对这种竞争表现过程的事实反映和报道，体育新闻的叙述内容应大量地呈现竞争性过程的符号记录。正是这种风格的内容展现，为体育新闻增添了动态吸引力。

5. 数字的明显性

体育比赛的过程与结果往往以数字的形式反映出来，作为数字化方式体现出来的比赛结果，在体育新闻中占据着重要的地位。数字是对体育比赛的最有力概括与说明，也是体育新闻中常常展示的事实叙述符号。数字的明显出现构成了体育新闻一大特征。

6. 结果的关注性

对赛事结果的报道是体育新闻内容中必须出现的一个元素，这也形成了这种新闻的一个反映模式，但它却被人们关注或评议。对体育新闻中的比赛过程反映和叙述固然重要，而比赛的结果同样构成体育新闻的重大关注价值。

7. 事实的兼顾性

如上述对体育新闻的类别划分所示，体育新闻除了对各类体育赛事的高频度和重点反映外，也不排除对体育行政、体育经济、体育文化等有价值的活动事实的报道。如果没有后面这类事实的出现，体育新闻则是不完美的。因此，体育新闻中的体育事实应该具有赛事与非赛事兼顾的特征。

(四) 体育新闻的功能

1. 政治效应

由于新闻传播是一种意识形态领域的活动，体育新闻传播也同样会在一定程度上和一定范围内产生相应的社会政治影响即政治效应。体育新闻终归为一定的政治和经济服务。

2. 凝聚效应

体育新闻在唤起和培养人们爱国热情、凝聚民心方面具有很大的独特的优势，对体育赛事报道的关心已成为人们日常精神生活的组成部分。体育新闻的文化辐射与凝聚效应明显。

3. 广告效应

体育活动往往与经济性、商业性行为发生关联，体育新闻由此带有一定的经济色彩，产生相应的广告效应。这种广告效应若从广义上理解，也包括了社会文化层面的宣传效应。

4. 明星效应

体育明星作为一类社会公众人物，凭借其杰出的竞技表现和成绩，往往被媒介关注而成为新闻人物。体育新闻中对这类人物的报道能产生极大的明星效应并催生出众多的崇拜者。

5. 娱乐效应

体育新闻通常是对比赛活动过程与结果的生动报道，体育活动自身具有的娱乐特性使这种新闻带上了相应的娱乐色彩。人们在接触到这类新闻时能感受到一种娱乐效应的存在。

6. 历史效应

体育新闻是对各种有价值的体育事实的反映和记录，随着时间的流逝，这种记录就成了历史的陈迹。它对于后人了解过往的体育活动内涵具有历史面貌呈现的效应，十分珍贵。

（五）体育新闻总体编辑要求

编辑好体育新闻，首先应对体育新闻以上所述的内涵界定、类别、特征、功能等有一个基本的了解和认知，这是必要的知识前提。此外，以下的总体要求则是编辑好体育新闻的专业保障，对体育新闻编辑人员来说同样重要。

1. 真实性要求

编辑体育新闻，首先应从这类新闻信息来源的真实性、内容呈现的真实性上认真把关。没有真实作保障的体育新闻，带给广大信息受众的传播结果将是负面冲击。

2. 及时性要求

各类体育活动的高频举办和开展，给体育新闻带来了丰富的信息资源，人们对体育新闻过程关注与结果了解的心理往往比较强烈。由此，新闻媒介在编辑处理这类新闻时，如同对待时政新闻、突发性事件新闻一样，也需要及时快捷，以达最佳传播效应。

3. 准确性要求

准确性要求意味着进入记者、编辑视野下的体育新闻内容事实与客观发生、出现的体育事实应达到一致，不能有出入，如体育新闻所报道的比赛人员、动作、地点、时间、分数、结果、名次等，都要和已经或正在进行的体育比赛的实情一样。另外，准确性也是新闻真实性的保证，不准确的新闻信息往往表明新闻的欠真实。

4. 客观公正性要求

受人关注、看点多多的体育赛事是体育新闻的重头戏，对比赛双方的客观与公正报道尤其重要。从另一种意义而言，新闻传播所追求的客观公正原则，应该在体育新闻中得到更鲜明的体现。因此，保持体育赛事内容中的客观公正性，是体育新闻编辑的重要处理原则。

5. 全面性要求

从事物的关联性来看，全面性应是客观公正性的一个前提。在体育新闻中，全面展示体育赛事的过程与结果，有助于人们对事实的了解和个人判断，能满足他们对体育新闻信息的知晓心理。因此在体育新闻编辑当中，对于全面性如何正确把握也是值得注意的一个方面。

6. 通俗性要求

体育新闻具有广泛的群众基础，受到人们的喜闻乐见。为了获得更好的传播效果，这就要求体育新闻的报道内容应该通俗明了。通俗性一方面表现在新闻语言能让人们容易接收和理解，另一方面则要求报道时对比较专业的体育行业、体育项目用语（术语）作出通俗的解释、说明，让普通大众明白清楚。

7. 娱乐性要求

体育新闻具有娱乐功能，这提示媒介新闻编辑人员在处理日常体育新闻信息稿件时，应留心对体育事实中娱乐性事实的呈现。编辑人员还可从娱乐的报道视角来确立主题，加工、提炼体育事实，将之处理成能带给人们心理愉悦的体育新闻作品，给其生活增添快乐因子。

8. 平衡性要求

对体育赛事的反映与报道，不是体育新闻的全部内涵，体育工作研究、体育文化交流、体育活动开展等也是体育行业的组成部分。因此，媒介新闻编辑工作中对体育事实信息的选择和发布，要注意必要的平衡，给受众以其他体育信息的告知，而不仅是比赛的报道。

第四节　网络新闻编辑

网络新闻编辑有几种含义。第一种含义是指基于网络媒介运用网络传播手段，对网络新闻报道的内容和形式进行组织的活动；第二种含义是指以向受众提供信息及信息服务为工作任务的全新职业；第三种含义是指根据网络媒体（网站）的特点，按照新闻传播的规律挑选、加工和提炼新闻的工作；第四种含义是指从事网络新闻编辑工作、进行网络编辑活动或者以网络新闻编辑为职业的人。

一、网络新闻编辑的特点

网络传播的实时性、互动性和多媒体性等特点，使网络新闻编辑在新闻生产流程中呈现出与传统媒介新闻编辑不同的特点。

（一）更大的被动性与更强的主动性

新闻编辑是对已经基本成形的新闻产品进行最后加工，这种加工以已有的工作成果为基础，具有一定的被动性。网络新闻编辑是建立在传统媒介新闻编辑基础之上的，因此，被动性在网络新闻编辑也依然存在。开放的信息空间、丰富的信息、广泛的传播路径以及无序的信息流动，使得网络新闻编辑的被动性更加突出。

正是网络传播的特点，也赋予网络新闻编辑更大的主动性，给予网络新闻编辑更大的创造空间。

1. 梳理

在稿件整合过程中，网络新闻编辑可依据自己的主观判断和选择，梳理稿件之间的关联性，帮助受众更好地理解各种新闻事件和新闻现象之间的关系。

2. 专题

网络新闻编辑还可策划与组织网络新闻专题。即使是同样的选题，网络新闻编辑可以通过内容的选择与整合方式表现网站的个性，表现编辑独特的观察视角。

3. 评论

网络新闻编辑可根据稿件需要来撰写评论、组织评论、选择评论，深化与解读新闻，更好地表现编辑意图，引导受众。

4. 互动

网络新闻编辑可设计适当的互动形式，管理社区，充分挖掘受众在互动过程中形成的各种资源，将它们与新闻传播活动充分地结合起来，使之释放出更大的能量。

（二）更快的时效性与更强的互动性

网络新闻编辑可运用实时的文字报道，以最快的速度报道正在发生的事件或此事件的最新进展，它可以是完全的同步报道，也可以是稍有时差的即时报道。虽然广播、电视都有直播这样的实时报道形式，但从文字报道方面看，传统媒介不具备运用文字手段进行实时报道的条件。电视虽然可以运用字幕进行实时文字报道，但运用的场合有限，它更多的是利用声像进行实时报道，而网络媒介运用实时新闻报道的频率与机会要大得多，实时文字报道成为网络新闻的一个重要特征。实时文字报道给网络新闻编辑提出了更高的要求，编辑要做到目光锐利、身手敏捷、倚马可待。

传统媒介的传播是单向传播，传播者与受众之间的角色分明，传播者居主动地位，受众处于被动地位，传受之间的互动不及时、不全面、不直接。网络媒介的传播是双向传播、多向传播，传播者与受众的角色常常相互转换，角色模糊，双方地位平等，可进行即时、全面和直接的交流，比如受众点击新闻、受众发表即时评论、受众提供新闻线索、在线交流、在线调查等，互动性大为增强。因此，在互动性更强的网络新闻传播中，编辑应随时征询和搜集受众的反馈信息，借以调整报道内容和方法。网络新闻编辑的互动性使网络媒体上的作品甚至新闻报道都不再是传播者的专利，而是互动的结果。

（三）更彻底的全时性与更多的层次性

网络媒介可在任何时间、任何地点对任何人在线发布新闻信息。网络媒介没有截稿时间，编辑24小时都处于工作状态，对突发事件具备相当强的应对处理能力，能争分夺秒地编辑新闻，抢得先机。网络媒介的受众处于世界的各个地区乃至各个时区，他们有各自的生活习惯和作息时间，对新闻信息的选择和阅读更是随时随地，这就要求网络新闻编辑不仅仅是完成某一天、某一时间段的新闻编辑，而是一种滚动的、连续的编辑过程。这一点是任何传统媒介都难以做到的。

传统媒介的新闻作品，呈现方式基本是单一层次的，即使有层次，也不会超过两层。报纸以版面空间为载体展示所采集到的信息，广播电视以时间为载体展示所采集到的信息，但是网络媒介的新闻报道，特别是通过网站发布的新闻作品却是具有层次性的。一篇完整的网络新闻作品往往具有标题、内容提要、新闻正文、关键词或背景链接、相关文章的延伸性阅读等五个层次。网络新闻作品的层次性，可更好地满足受众的个性化需要。

（四）更突出的技术性与更全面的综合性

网络编辑技术是一种电子编辑技术，包括数字化技术、超文本技术和多媒体技术，通过各种编辑软件对媒体信息相应的电子文档进行数字化的加工和处理。随着技术不断地推陈出新，网络媒介信息的编辑加工越来越细化和专业化，静态和动态信息编辑处理的手段也越来越有效和多样化。网络编辑技术的功能日渐突出，涉及领域大大拓展，从文本到超文本、从图像到视频、从图形到动画、从声音到音乐等，网络编辑技术对网络媒介新闻报道质量的提升、内涵的扩展起到了关键作用。

网络新闻编辑的综合性体现在以下几方面。

1. 各种技术的综合

数字化技术、超文本技术和多媒体技术的综合运用，使得网络新闻编辑应具备网络资源的利用能力、网络新闻发布系统的运用能力和基本的网页制作能力。

2. 各种手段的综合

网络新闻编辑不是几种传统编辑手段的简单相加，而是不同手段深层的相互渗透和综合运用，能够胜任文字、图片、图表、声音、视频、动画等不同类型信息的处理，发挥各种媒介手段的潜力。

3. 各种知识的综合

网络新闻编辑要完成大量的互动组织工作，这需要传播学、社会学、社会心理学、管理学等各种学科知识的支撑。

4. 知识与技能的综合

网络既是一种传播媒介，又是一种技术平台，运用网络发布新闻，不仅需要良好的新闻素养、其他学科知识的素养，还需要一定的技术能力、知识与技能的完美结合，才能胜任网络新闻编辑。

5. 编辑流程的综合

各种编辑排版软件日益完善，可以将以往的编辑、排版、校对、发行等诸多工作同步进行或者混合进行，简化和强化新闻编辑，提高编辑效率。

二、网络新闻编辑的任务

传统媒介新闻编辑的主要任务是选题、组稿、加工、校对，周期相对较长，成本高，效率低，且有一定的策划盲目性。网络新闻编辑从事的是知识的生产、存储、传播配置的工作。一方面，网络新闻编辑有责任满足受众对已有及新增信息的需求，另一方面，网络新闻编辑还必须解决网络传播的弊端给受众带来的困难，如搜索信息、选择信息、鉴别信息、理解信息、判断信息、利用信息等。网络新闻编辑必须从一种更加宏观的角度来把握信息，由单纯的求新转向整理共享的、中肯的信息，因为分享和整理已有的信息比搜索纯粹的新信息更重要。

（一）确定网页和新闻的逻辑结构

网站是由若干页面以一定的逻辑关系联系和组织在一起的，各个页面的结构是一种非线性的逻辑结构，通过超级链接的方式彼此关联，从而构成一个有机的整体。网络受众阅读网络新闻主要是依据网页之间的组织结构进行的。因此，确定网站逻辑结构的职能就是确定网站的界面设计，将尽可能多的新闻放在首页上，并把它们分门别类、按等级放在不同的层次中。

网络新闻编辑除了要像传统媒介新闻编辑那样完成对版块、栏目的规划与设计之外，还要清晰地规划和梳理网状结构，既要考虑一个平面中的内容组织，又要考虑页面与页面之间的层次与递进关系，准确描述各网页之间的逻辑关系。

（二）信息导航与知识集成

网络为受众提供海量信息的同时，也给受众带来信息选择上的困难。网络新闻编辑的任务就是要广泛接触社会，深入生活实际，潜心研究准确、敏锐、超前地为受众提供优质的信息服务，解决用户选择信息的困难。

网络新闻编辑应做到如下几点。

1. 广泛搜集信息

只有足够的信息量，才能满足受众的信息需要。搜集信息有这样几个步骤：广泛吸收信息，拓宽信息范围，加大信息含量；善于鉴别真假，自觉排斥那些会给社会和受众带来危害的虚假信息和不良信息；根据自己的传播需要建立系统、有序的信息库；将已经获得的信息分门别类地加以归档，并尽可能地加以记忆，以便根据需要随时调用。

2. 精心选择信息

仔细鉴别、精心挑选信息和知识，去粗取精，去伪存真，向受众传播有价值的信息。面对数量庞大的各种新闻，网络新闻编辑有敏锐的新闻鉴别能力，在不漏编新闻的同时，能准确地判断出新闻价值高的新闻报道，并充分发掘新闻事件的意义及影响，找出新闻事件与社会生活各方面的联系，发掘其潜在的社会意义。

3. 认真加工信息

信息必须具有知识含量，才能最大限度地满足人们的需要。网络新闻编辑承担的应是信息导航与知识集成的角色，所提供的内容应该是经过精心选择和加工的信息，而不是粗放的、杂乱的信息。网络新闻编辑要根据受众需求，将分散的各类信息优化合成为一个有机的整体，有效地控制信息流量、流速和流向，使受众直接接受已整合好的、可满足不同需要的专门化信息。同时，网络新闻编辑要发现信息中的错误和遗漏，进行修正和补充，对于信息中表达不清的地方，要认真澄清、理顺，充实和丰富信息，提供一些全新的、有价值的信息。

（三）信息把关与信息参谋

网络空间的高度开放，网络信息的自由流动，网络信息的无限丰富，信息传播路径的广泛，都使网络新闻的把关面临巨大的挑战。

就整个网络而言，把关是不可能的，但对于具体网站来说，网络新闻编辑仍然可发挥重要的把关作用。只要根据网络传播的特点，切实转变把关方式，就完全可以重新确立起网络媒体的信息权威。

网络新闻编辑应做到如下几点。

1. 成为信息提供者

网站提供的信息必须是高质量、有价值的信息，必须是对受众有用的信息，因此，网络新闻编辑要加大新闻信息资源的开发力度，提高信息传播质量。

一是要适应网络传播特点，加强即时新闻发布，以时效性赢得信息传播的主动权。

二是深度开发信息，以权威的背景资料、分析文章确立网络传播地位。

三是探索新闻信息传播的多媒体手段，运用多媒体语言和网络交互技术，高质量地完成对社会舆论的引导。

2. 成为信息引路人

网络新闻编辑应帮助受众在浩如烟海的网络信息中找到自己所需要的信息，运用信息管理的经验，根据受众的要求，充当用户网上信息查询和浏览的向导，变"把关"为"引路"，扮演网络导游和信息参谋的角色，而不仅仅是一厢情愿的信息筛选者的角色。

3. 成为网络传播的规范者

网络信息优劣并存、泥沙俱下，网络管理相当宽松，但网络的健康运行，离不开基本的行为规范和道德自律，而且在这样一种天生自由的虚拟环境中，传播伦理格外重要。网络新闻编辑可以借助信息和对信息的评价来表明网络媒体及其编辑的态度，进而形成一种健康的网络伦理，在规范网络信息传播行为、抵制恶意传播和不良内容方面有所作为，成为网络传播规范的自觉倡导者和监督者，从而为受众提供一种价值和是非判断的标准，为受众提供一种必不可少的可靠信息源，促进网络传播的健康发展。

（四）潜移默化地引导舆论

在网络里，人们是自由的，强加的观点或生硬的规劝，很可能让受众反感，进而绕开节点，到别的网站寻找自己所需的信息。因此，网络新闻传播中的舆论导向必须更巧妙、更隐蔽，有意识、有计划地去报道事实和发表言论，在潜移默化中影响受众，促使舆论朝着新闻传播者所希望的方向发展。

网络新闻编辑可利用以下几种形式引导舆论。

1. 设置议程

网络新闻编辑可通过设置议程，在一定程度上实现对舆论的引导。议题提出后，持不同意见的受众在交流中就会出现争论，对最初设置的议题以及其后的议题进程，必然产生很大的影响，这种影响可能表现为"同向加强"，也可能表现为"转向削弱"。网络新闻编辑可通过议程设置，使用超文本链接，引导受众选择阅读符合议题设置的信息，利用正确的观点、翔实的论据和有力的论述去支持符合网络新闻编辑意图的意见，进而使这种意见获得多数受众支持而形成话语强势。

2. 网络论坛

网络新闻编辑可通过网络论坛等形式反映受众意见，让受众在交流中形成一致意见，实现对舆论的引导。网络的互动性，可实现编辑与受众的即时交流，以及受众（网民）之间的即时交流，如网络论坛、BBS公告栏、主持人聊天室等；编辑还可通过电子邮件与受众交流，也可在聊天室与受众讨论，这时编辑要更多地把握和引导议题的走向。受众看到自己赞同的观点受到广泛的欢迎，就会积极参与进来，否则就不去理会它而保持沉默，如此循环往复，形成螺旋。

网络编辑可培养和巩固各版块自己的核心受众群体，利用网络受众的从众心理，保持传播者和受众思维和行动的一致。编辑还可选择一些较为理性的受众意见发布出来，让受众自己教育自己、自己引导自己。

3. 表明意见

网络新闻编辑可通过各种方式直接表明自己的意见，实现对舆论的引导。网络新闻编辑可通过撰写评论、配置评论来直接表达自己的意见；可通过大量的链接将其他媒体的评论、评价引为己用；可利用"网友来信""网友建议""网友调查"等手段，或邀请专家进行命题性讨论，间接表达编辑部的观点和意见，从而起到表扬、批评、要求、建议、号召及监督的作用；可通过BBS等网上论坛广泛吸纳受众的言论。网络新闻编辑的发言形式可包括文字、声音、图像、动画、漫画等多种形式，比传统媒介的新闻评论更有说服力。

4. 时空手段

网络新闻编辑可运用时空手段来评价新闻事件，引导舆论。对一个事件的报道，在网上以多大篇幅存在、以何种频率更新、存在多长时间，在很大程度上就是编辑意图的巧妙体现。也就是说，在新闻网站上，编辑需要强化某些新闻事件报道，既可以运用报纸常用的评价手段，又可用广播电视常用的实时评价手段。

5. 稿件集合

网络新闻编辑可运用稿件集合的合力指向来表达编辑意图。稿件一般通过两种方式集合：一种是空间上的，即在版面上将有联系的稿件放在一起，成为同题集中或形成专栏；

另一种是时间上的,即采用连续报道或系列报道的方式,使同一主题或同一事件的报道通过时间延续和信息积累而得到加强。网络新闻编辑综合运用这两种手段,对重大新闻题材进行多层次、多角度的报道,使稿件的群体优势得到有效发挥,充分表达编辑意图,引导舆论。

6. 多媒体

网络新闻编辑可运用多媒体形式凸显编辑意图。网络传播的信息是多媒体形式的,既包括文字、图片等静态信息,又包括声音、图像、动画等动态信息。编辑需要引起受众对某些事件的关注,就可充分发挥各种信息形式的特长,形成综合优势。在文字表述不能确证自己的意图时,编辑可发挥视听信息的"证实"作用,使受众"眼见为实,耳听为实"。

7. 特殊手段

网络新闻编辑可运用特殊手段在网页中形成强势,体现编辑意图。编辑可用给稿件配发图片的方式形成强势,吸引受众视线,促使他们阅读正文;可改变字符的大小和颜色,突出头条新闻;提高标题的准确性,并使标题能恰当体现内容的重要程度;重要新闻标题浓墨重彩,一般标题可适当轻描淡写。另外,强势也与新闻结构的层次级别有关,不同的新闻可给予不同的级别;重要新闻一般放在第一层次即首页上,次要新闻可放在第二、第三层次,从而使最重要的新闻可以被最快调阅到。

三、网络新闻编辑的内容

新技术的运用并没有改变新闻编辑工作的基本内容,只是操作方式发生了很大变化,减少了编辑的事务性劳动。网络新闻编辑工作的内容十分丰富。从总体上看,可分为三个层次,即宏观层次的网站定位、中观层次的组织与策划、微观层次的具体编辑业务。

(一)网站定位

网站定位就是网站新闻频道的整体策划。它是对网站的受众资源、网站自身资源等综合认识的产物,包括新闻频道的受众定位、内容框架、栏目规划、网站特色与风格、网络新闻的层次结构和界面设计等多方面。

(二)组织与策划

组织与策划主要是指网络新闻专题的组织与策划,这是网站变被动为主动、提高新闻竞争力的一种重要手段。受现行政策和法律的限制以及其他条件的限制，目前新闻网站还是以"粘贴型""编辑型"为主，从选题策划及采访报道方面看，新闻网站还是不成熟的。但是，从长远来看，网络的原创新闻必然会加强。因此，网络媒体也会像传统媒体一样，越来越重视选题策划的重要性，并以强有力的采访力量来实施选题策划。

（三）具体编辑业务

1. 网络新闻信息的选择

网络新闻信息的选择是网络新闻编辑的起点，是对纷繁复杂的信息进行筛选与价值判断的过程，也是一种把关的过程。网络新闻信息的选择要考虑新闻信息自身的真实性与新闻价值，也要充分考虑网站的定位及其所服务的受众对象的需要，还要符合国家的政策和法律。这一点与传统媒体是一致的。

2. 网络新闻信息的加工

网络新闻信息的加工是对传统媒介新闻编辑经验的继承与发扬。网络媒介新闻信息加工的要求与报纸、广播、电视等传统媒介的要求是基本相同的，是保证网络新闻信息质量的一个重要步骤。由于网络传播的特点，网络新闻编辑需要对网络新闻信息的外在形式进行一定的改造，使之符合网络传播，适应网站的目标受众需要。由于网络的多媒体特性，网络新闻信息的加工不局限于文字稿件，也包括图片、图表、音频、视频等，这对网络新闻编辑的素质提出了更高的要求。

3. 网络新闻信息的整合

网络新闻信息的整合是通过对新闻素材的层次化处理，通过关键词超链接、相关新闻链接、背景链接等方式，拓展和加深报道的广度与深度。通过新闻报道单元的整合来加强新闻传播的效果，也已经成为越来越重要的手段。

4. 网络新闻信息的延展

网络新闻信息的延展体现在两方面：一方面，网络新闻编辑需要通过评论、互动及博客等多种手段的运用，来解读、延伸和发展新闻信息，形成一个更加完整、丰富的网络新闻传播体系；另一方面，网络新闻编辑还要有效地开展网络新闻评论的组织、网络论坛的管理、网络受众调查的实施、网络新闻传播效果的评估、博客与网络新闻的互动等工作。另外，一些新的技术，如移动通信技术，也在不断拓展着网络传播的手段与途径，它们也是网络新闻延伸的另一个层面。

第五节　移动媒体新闻编辑

移动媒体新闻编辑相较于传统媒体新闻编辑显得更加灵活多样，移动媒体新闻多基于网络平台进行传播，带有时效性、交互性、形式灵活性更强的特点，因此在编辑的各个环节与传统媒体有所不同。本节将从四个层次阐述移动媒体新闻编辑原理。

一、选择鉴审

移动媒体新闻的稿件主要来源于传统媒体和网络媒体的记者以及各大通讯社，同时也包括大量的社会自由来稿，如网民来稿、博客、论坛等。这些稿件问题新鲜、有针对性，但水平参差不齐。移动媒体的选稿有两个过程：第一次是选取，即从签约的传统媒体记者或自由撰稿人手中的稿件中进行选择；第二次是推荐，即从已有的稿件库中选择最为新鲜、重要的稿件进行发布。与传统纸质媒体相比，移动媒体因传播成本较低，稿件选择的范围更加广阔，对准确性和严肃性的要求较低。移动媒体稿件选择的基本原则如下。

第一，导向性原则。政治家办报，不但是媒体原创新闻必须坚持的原则，选稿也绝不例外，不能有丝毫含糊。

第二，真实性原则。假新闻绝对不能入列，事涉媒体形象与公信力；选发选编假新闻应被视作媒体编辑的重大失误。

第三，价值性原则。价值性原则是在确保导向正确与真实性的前提下，选稿最重要的标准。应根据其新闻价值的高低来判断。关于新闻价值的定义，大家公认的观点，是对新闻重要性、新鲜性、时效性、思想性等各个方面所作出的综合评价。

第四，适用性原则。不同移动媒体的创办理念、创办方向、受众群体不同。所选择的稿件必须服从于媒体的自身定位及其页面特色，本质是为了满足主流受众的需求。这就要求媒体及其从业者应对自己的主流受众有清晰的认知与判断。比如年龄、性别、职业、知识水平、兴趣爱好等。与此同时，根据移动媒体终端空间有限的特性，稿件应少采用长篇大段的形式，多辅以图片、视频等多媒体信息。

二、加工制作

纸质媒体的每一篇报道都经过一个采写、编辑和设计使其适合印刷报纸呈现的过程。多数的报纸发行人如今已完全能够建立起移动网站服务，对在线新闻报道进行专门处理，以便于搜索引擎的使用，并且习惯于加入背景资料内容或是进行新闻内容的升级。但是媒体仍旧缺乏对于移动终端新闻的专门化处理，即使是在一些最先进的媒体也是这样。很多媒体负责人发现，与其仅仅让内容从桌面互联网"顺流而下"流淌到移动终端，不如在移动领域开始加工制作为独特的移动阅读体验而量身打造的新闻。这样的加工制作需要以下几个步骤。

第一，修改内容。核实新闻事实，修正其中的思想观点。移动媒体编辑要把握好有关的政策、法规界限，认清事物性质，具体问题具体分析。要注意稿件中的说法、做法是否符合法律、政策以及上级的有关规定；在生活中能否行得通、用得上；实行时是否有负面影响。由于移动媒体交互性强，传播速度快，一旦出现错误很难回头更正，最容易造成媒体声誉受损，因此尤其要注意细节，细节决定体验，体验决定用户，一个错字、一个标点都不容忽视。

第二，制作标题。移动媒体新闻标题一般参照网络媒体新闻标题进行制作，其特点在于：超文本链接的分布方式，题文分离，多以一行实题为主，具有多媒体优势。由于只能做一行题，且字数有限，做得不好如"×××再上新水平"，"×××成绩显著"，"×××闪亮登场"等套话，流于空泛，给人以似曾相识之感，很难吸引网民阅读。同时存在的另一种极端是"语不惊人死不休"，刻意追求标题的冲击力、渲染力，"冰火两重天""惊现"等词频频出现，剑走偏锋，有失新闻的真实性。标题"不作为"也罢，过分渲染、做假，其客观效果都是标题的失准甚至失实。因此，标题制作须首先避免上述种种毛病，才能做到恰如其分、准确无误。值得注意的是移动媒体标题党的出现，标题党即互联网上利用各种颇具创意的标题吸引网友眼球，以达到各种目的标题制作者的总称。标题党制作的标题有的新颖幽默，带给读者不一样的阅读体验；有的却严重夸张，缺乏真实性，甚至借此进行违法犯罪活动。具有职业素养的网络新闻从业者应杜绝类似行为。

第三，制作专题。所谓新闻专题，就是在深度报道的理念指导下网络新闻等相关信息的有机组合，也是网络各种传播方式的有机组合。它通常围绕某个新闻事件或社会上存在的某种现象和状态，在一定的时间跨度内，运用消息、通讯、背景资料、述评、评论等文体，调用文字、图片、声音、视频等表现形式，并结合电子公告牌系统等互动手段，通过页面编排与栏目制作，进行连续、全方位、深入的报道。网络新闻专题有巨大的信息容量，也是网络媒体的优势所在。1998年9月，美国独立检察官斯塔尔结束调查总统克林顿与白宫女实习生的绯闻后，长达400多页的调查报告以网络新闻专题的形式全文公布，在国际新闻学界引起震动。震动原因不是其中有许多色情内容，而是网络新闻专题报道竟有这么长。要完成同样的任务，报纸、广播、电视都难以胜任。移动媒体新闻还具有得天独厚的用户服务技术基础，如澎湃新闻移动客户端就可以为读者提供跟踪报道、更新提醒的免费服务，让专题的传播效果最大化。

第四，添加多媒体信息。在移动媒体新闻中添加视频、动画、图像、声音等能够有效提升关注度，一些需要用长篇文字阐述的抽象概念也可以用它们加以软化。编辑要有意识地在文章中加入多媒体信息，以调节读者的阅读节奏。

三、策划组织

广义的移动媒体新闻组织策划包括移动媒体的受众定位、经营方针、产品（手机、平板客户端等）设计、制作与营销、广告经营、员工构成、内部管理、资产资金、技术设备，以及其他各类经营活动和社会活动等等，进行运筹和规划。但若将研究的客体落实到移动媒介运作的各个方面就过于复杂了，而且这项研究还会与新闻传播学中的其他子学科如媒介经营管理、广告学、媒介公共关系学的一些内容相重叠。所以，狭义的移动媒体策划就是指移动媒介对于新闻传播活动的策划和组织。根据这一定义，可以将移动媒体策划分为两个步骤。

（一）组织设计页面

移动媒体终端的页面设计不同于传统报纸的排版，且移动终端有着不同的屏幕尺寸（更小）、不同的用户界面（浏览靠点击），以及不同的周边环境（可能周边环境会比较嘈杂）。所以移动终端的报道呈现形式可能会有所不同。要更便于浏览，信息要更为精要，段落要限制长度。

（二）策划新闻报道

在整个策划过程中，策划者要通过对信息的获取、传输和加工处理，完成决策、设计、方案试行等工作。方案设计阶段中，创意构思是核心。策划者要依据已经获取的信息，运用创造性思维方式，完成设计方案。现在很多移动媒体新闻网站习惯于照搬传统媒体上的文章，认为可以减少策划成本。但长此以往，读者便不会青睐这些信息复制品堆砌起来的网站，会转而将注意力投向拥有独特精良内容的移动媒介。要提高选题决策水平，首先要善于发现和获取新闻线索，其次要根据所掌握的线索，对与此相关的各方面情况进行调查了解，再在此基础上作出分析，最终确定报道选题。选题决策系统包括报道背景性信息、报道主体信息、报道环境信息（政策性信息、竞争者信息）和报道受体信息（需要性信息、期望性信息）。腾讯新闻的2014年元旦新闻策划就是一个成功范例。针对2014

年元旦，腾讯新闻采用多媒体的综合呈现方式，推出了专题策划——"2014年元旦"，与其他门户网站的同主题报道相比，这则策划在内容和技术方式上都有独到之处。在内容上，这则专题有机整合了资讯、娱乐、服务等各类信息，综合性强，其中有几个栏目设置得很有新意。其一是"跨年演唱会"，由于各大卫视的跨年演唱会的放映时间较为集中，受众不可能在同一时间收看各大卫视的跨年演唱会，而这个专题则精选了各家卫视跨年演唱会的精华和主要噱头，满足了受众对于跨年演唱会的期待。其二是"开年大戏"，这一部分简要介绍了开年大剧的播出卫视和主要剧情，给受众假期的收视娱乐提供了有效的参考。其三是"童话2013"，通过采访孩子们一些关乎国计民生的大问题，在孩子们天真无瑕的回答中带领受众回顾刚刚走过的2013年，从而汇成一部"童话"。

四、收集反馈

移动媒体新闻媒介具有传统媒介无法匹敌的交互性，它们与用户的距离很近，收取用户信息十分方便。对反馈信息的收集一方面能促使移动媒介生产符合受众需求的信息产品，提高用户体验，提升受众黏性；另一方面也有利于社会舆情监控。移动媒体反馈的外在形式多种多样，受众浏览新闻网站时的反馈可以从他们点击页面的次数和程度表现出来；浏览新闻客户端、论坛、电子公告牌系统时是否发帖回复也可体现出话题是否具有足够的吸引力。

澎湃新闻手机客户端就为受众提供了评论、提问、分享、点"赞"的功能，受众由此得到了更大的自由表达空间，这种反馈更具个性化，在传播反馈机制双向性上更为突出。

移动媒体和社交媒体之间有着千丝万缕的联系，这使得反馈影响可以随时随地发生病毒式蔓延，因此任何有远见的移动媒体都会重视社交媒体在信息传播中的作用。任何关于服务于使用智能手机人群的讨论，几乎都要从社交媒体开始。使用社交媒体来与别人进行交流是最受欢迎的智能手机的使用目的，这比玩游戏、购物、浏览新闻更受欢迎。

思考与练习

1. 重要新闻的特点是什么？
2. 网络新闻编辑的特点和任务是什么？
3. 网络新闻编辑的工作内容包含哪些？
4. 试论移动新媒体的编辑原理。

参考文献

[1] 艾风. 新闻改革的产物——新闻策划［J］. 新闻大学，1997（02）：34-37.

[2] 包尔赤金青. 体育新闻编辑的创新性研究［J］. 传播力研究，2019，3（14）：131.

[3] 蔡雯. 新闻编辑们在策划什么？——策划客体研究［J］. 当代传播，2000（04）：37-40.

[4] 陈红梅. 新闻编辑（第2版）［M］. 武汉：武汉大学出版社，2011.

[5] 崔雅萱. 新闻编辑素养及其网络时代面临的矛盾［J］. 中国报业，2022（24）：110-111.

[6] 韩松、黄燕. 当代报刊编辑艺术［M］. 上海：复旦大学出版社，2006.

[7] 韩志英. 新时期中国报纸编辑观念的变迁［D］. 西安：西北大学，2008.

[8] 黄雯.《新闻编辑学》精品课程网站的设计与开发［J］. 中国科技信息，2013（14）：104.

[9] 姬存利. 新闻编辑的素质要求及其提升策略［J］. 采写编，2022（08）：38-40

[10] 姜英. 新闻编辑教程［M］. 成都：四川大学出版社，2010.

[11] 李忠臣. 新闻编辑的创新意识与能力培养［J］. 新闻文化建设，2022（21）：121-123.

[12] 林晓华. 新闻编辑实务［M］. 成都：西南交通大学出版社，2015.

[13] 刘行芳，刘修兵. 新闻编辑原理与实务［M］. 武汉：武汉大学出版社，2010.

[14] 刘立军. 论新媒体时代电视新闻编辑的创新路径［J］. 传媒论坛，2023，6（10）：93-95.

[15] 刘伟. 实用新闻编辑学［M］. 北京：中国市场出版社，2010.

[16] 刘振波. 电视新闻编辑的创新意识及手段思考［J］. 中国有线电视，2023（05）：68-70.

[17] 陆昱. 谈编辑的政治素养［J］. 陕西行政学院学报，2016，30（01）：116-118.

[18] 毛艳. 关于电视新闻策划的思考 [J]. 新闻大学, 1997 (03): 61-63.

[19] 彭涛, 张才刚, 姚爱华. 实用新闻编辑学 [M]. 武汉: 华中师范大学出版社, 2018.

[20] 沈重远. 报道策划——编辑工作应有之义 [J]. 新闻大学, 1996 (03): 34-33.

[21] 宋亮亮. 社会新闻报道政治差错案例解析 [J]. 青年记者, 2014 (13): 58-59.

[22] 谭云明, 郑坚. 新闻编辑学 [M]. 武汉: 华中科技大学出版社, 2016.

[23] 汪红专. 关于新闻策划的几点浅见 [J]. 西部广播电视, 2023, 44 (07): 54-56.

[24] 王金霞. 网络时代下新闻编辑之方法探究 [J]. 新闻传播, 2023 (04): 82-83.

[25] 王清平. 网络新闻传播方式对传统新闻传播的影响研究 [J]. 新闻传播, 2023 (03): 102-103.

[26] 熊忠辉. "新闻策划"大家谈 "新闻策划"提法是正确的 [J]. 新闻知识, 1997 (03): 25-26.

[27] 许正林. 新闻编辑 [M]. 上海: 上海大学出版社, 2009.

[28] 叶春华. 报纸编辑 (修订本) 第三版 [M]. 福州: 福建人民出版社, 1992: 1-3.

[29] 张允若. 策划性新闻纵横谈 [J]. 新闻传播, 1997 (02): 26-27.

[30] 郑兴东. 报纸编辑 [M]. 武汉: 武汉大学出版社, 2000.

[31] 周珂. 试论体育新闻编辑的新思维 [J]. 新闻战线, 2016 (02): 69-70.

[32] 朱家生. 新闻策划之我见 [J]. 新闻记者, 1997 (02): 23-25.